Publisher ANDERSON CAVALCANTE
Editora TAMIRES VON ATZINGEN
Assistente editorial JOÃO LUCAS Z. KOSCE
Preparação TOMOE MOROIZUMI
Revisão LIGIA ALVES, CRISTIANE MARUYAMA
Projeto gráfico ESTÚDIO GRIFO
Foto de capa DIVULGAÇÃO

Nesta edição, respeitou-se o novo Acordo Ortográfico da Língua Portuguesa.

Dados Internacionais de Catalogação na Publicação (CIP)
de acordo com ISBD

C672f
Coen, Monja
Faça sua pergunta: as melhores respostas para as melhores perguntas / Monja Coen.
São Paulo: Buzz Editora, 2021
192 pp.

ISBN 978-65-89623-76-2

1. Autoajuda. 2. Felicidade. 3. Bem-estar I. Título.

2021-3925 CDD 158.1
CDU 159.947

Elaborado por Odilio Hilario Moreira Junior CRB-8/9949

Índice para catálogo sistemático:
1. Autoajuda 158.1
2. Autoajuda 159.947

Buzz Editora Ltda.
Av. Paulista, 726 – mezanino
CEP 01310-100 – São Paulo/ SP
[55 11] 4171 2317 | 4171 2318
contato@buzzeditora.com.br
www.buzzeditora.com.br

Monja Coen

FAÇA SUA PERGUNTA!

Com a evolução da tecnologia, principalmente após o surgimento da internet e dos smartphones, o acesso ao conhecimento se tornou cada vez mais possível a todos. Atualmente, uma imensidão de novas informações e ideias surge a cada minuto, mas, com frequência, nos sentimos incapazes de dar conta e absorver tudo o que realmente interessa. Nas mídias sociais, essa sensação se amplifica ainda mais. Basta deslizar o dedo pela tela do celular para encontrarmos caminhos e temas completamente desconhecidos por nós.

O mundo hoje está tão acelerado que muitos dos melhores conteúdos publicados desaparecem em exatamente 24 horas! Rápido assim! Quantas vezes alguém compartilha algo interessante e, quando clicamos, a postagem simplesmente desapareceu porque já se passou um dia? É um tempo muito curto para um conteúdo valioso. E você se pergunta: "como posso rever essas referências?". Bem, não pode. "Fiquei curioso: o que será que era?" Você nunca vai saber. Quando muito, é possível tirar um print da tela para refletirmos mais sobre aquilo depois, uma vez que, na correria do dia a dia, quase sempre não há tempo para pensar e se aprofundar naquela hora, mas, fora de contexto, o conteúdo acaba perdendo o sentido.

Foi pensando nessa circulação de conteúdos preciosos – e relevantes – que às vezes nos escapam por entre os dedos que criei a coleção *Faça sua pergunta!*. Nela, reunimos as melhores respostas dadas por grandes referências em suas áreas de atuação às melhores perguntas. Com uma curadoria perspicaz e respeitando a curiosidade daqueles que fizeram as perguntas, idealizei esta coleção com o desejo genuíno de contribuir com a reflexão de cada leitor.

Agora você terá todo esse conteúdo em suas mãos para ler, reler, fazer anotações e consultá-lo quando quiser e poderá selecionar todas as perguntas e respostas que têm conexão com o seu momento de vida sem se preocupar em perdê-las, porque elas vão estar sempre com você.

Sou editor há 27 anos e estou orgulhoso por publicarmos uma coleção que irá instigar o livre pensar. Além disso, sinto o mesmo frio na barriga de quando lancei outros livros ousados e de formato inédito no mercado editorial.

Neste volume da série *Faça sua pergunta!*, você irá apreciar e aprender com toda a sabedoria e leveza da Monja Coen, portadora de um equilíbrio inspirador e de uma visão de mundo que nos faz expandir nossas percepções e consciência. Nesta obra, ela responde a questionamentos que transformarão sua perspectiva sobre o mundo e sobre si mesmo.

Desejo que essas respostas da Monja Coen o ajudem a encontrar as respostas para as perguntas que já existem dentro de você e que o estimulem a procurar novas e melhores perguntas!

Forte abraço,

ANDERSON CAVALCANTE

Publisher Buzz Editora

Respondi a muitas perguntas feitas pelo Anderson Cavalcante, publisher da Buzz Editora, e pela Tamires von Atzingen, editora. Foram horas agradáveis e tranquilas, quando adentramos os espaços particulares de cada um de nós.

Não apenas as salas, as casas, os familiares, plantas e animais de nossa convivência diária, mas o mais íntimo de cada um.

As perguntas que não se calam. Nossas e de leitoras e leitores.

Vida, morte, alegria, contentamento, consciência, meditação, propósito, equilíbrio, justa medida, adequação.

Como responder – e não apenas reagir – às provocações do mundo e da vida?

Eis alguns pensamentos de Buda traduzidos para nossa época e em linguagem contemporânea.

Será que podemos ser mais felizes, completos e leves se percebermos como estamos reagindo e nos esforçarmos a melhorar?

Tenho certeza disso. O autoconhecimento é libertador. Não se limita apenas a conhecer nossa história pessoal e familiar, traumas, sonhos e ambições.

É preciso ir além e conhecer a vida humana, sentir-se em conexão com o todo, e sermos, cada uma, cada um de nós, o todo manifesto.

Assim, através dessa expansão da consciência individual para a coletiva, passamos a cuidar, respeitar e desenvolver a compaixão e a gratidão por todos os seres, pela nossa mãe Terra e por todos que dela surgem e que nela habitam.

Quem cuida é simultaneamente cuidada, cuidado por tudo que existe. Vivemos em uma rede, uma trama de inter-relações.

Se soubermos apreciar cada instante da vida, com seus altos e baixos, suas dores e alegrias, poderemos nos tornar pessoas mais leves e agradáveis de se conviver.

Afinal, convivo comigo 24 horas por dia, 365 dias por ano, há mais de 74 anos. Resolvi apreciar minha companhia. E você?

Conhecer e apreciar.

Reconhecer que somos processos em transformação.

Parafraseando Paulo Freire, "Educação não transforma o mundo. Educação muda pessoas. Pessoas transformam o mundo".[1] Digo: "A meditação não transforma o mundo. A meditação muda o ser humano. O ser humano transforma o mundo".

Que todos possam despertar e ter uma vida plena. São meus votos e propósito ao participar desta obra.

Agradeço à Buzz e a este projeto.

Agradeço a todos que já encontrei nesta jornada, pois tudo e todos contribuem para que possamos nos tornar pessoas bonitas.

Shundo Aoyama Roshi, minha mestra no Mosteiro Feminino de Nagoya, escreveu, em seu livro *Para uma pessoa bonita*, a seguinte frase do poeta, historiador de arte e calígrafo japonês Aizu Yaichi (1881-1956): "Agindo e pensando com tranquilidade, atenção e o coração em paz, espero me tornar uma pessoa bonita".

Mãos em prece,

MONJA COEN

1 FREIRE, Paulo. *Pedagogia do oprimido*. Rio de Janeiro: Paz e Terra, 1987. p. 87.

No budismo se acredita em pecado?

No budismo se acredita em karma: aquilo que você cria vai ter resultado.

Como lidar com o término de um relacionamento?

Com respeito, com amor.

Até que ponto você acha que as redes sociais são boas para nós?

Elas são boas quando sabemos usá-las para o nosso bem, para o bem de todos.

O que é a cerimônia do chá? Qualquer pessoa pode participar ou apenas os monges e monjas?

A cerimônia é para todos. No começo era uma cerimônia exclusivamente masculina, mas hoje a maioria dos que a praticam é formada por mulheres. A cerimônia é um momento de silêncio, reflexão, meditação e apreciação do chá. Apreciar o chá!

Que tipo de música você gosta de ouvir?

Recentemente o DJ Benbek fez uma música chamada "Consciência" e me pôs para falar nela. Gostei!

Monja, você assiste a novelas? E o que pensa a respeito delas?

Assisto! Parece que você está vendo a vida alheia! É divertido. Para mim as novelas servem para descansar a mente.

Como lidar com tanta injustiça no mundo?

Percebendo o que é justo e o que é injusto, e em que momento. E descobrindo como você se torna uma pessoa mais justa... Não exija dos outros o que eles não têm para dar.

A senhora toca ou gostaria de tocar algum instrumento musical?

Eu já gostei, mas nunca toquei. Aprendi um pouquinho de piano, de violão. Hoje em dia eu só toco o sino mesmo.

Tenho muita dificuldade para pensar no futuro. A senhora acha que estou errado em ser assim?

Pensar no futuro não é muito importante mesmo, mas você pode projetar o que vai fazer. Fazer projetos para o futuro: isso sim é bom!

Como não ouvir o que não quer de quem fala o que bem entende?

Temos que agradecer pela nossa capacidade de audição. E nossos ouvidos são capazes de ouvir todos os sons. Então, não censure. Você apenas reconhece "isso não me interessa", mas você ouve. Não queira perder a capacidade de audição. Ela é importante.

Quero namorar, mas tenho pavor de me apaixonar. E só sei me relacionar se tiver atração e afeto. Qual é o resultado dessa equação?

Atração e afeto têm a ver com amor, paixão. Então você quer dizer "não se apegar", né? Mas é gostoso, é bom, liberta...

Qual é o sentido da vida?

É o sentido que você dá a ela. Que sentido você dá para a sua vida?

Como lidar com o sentimento de culpa?

Não faça nada do você possa se arrepender. Não faça coisas erradas. E você pode também se arrepender: fiz uma coisa errada e me arrependo. É a metanoia. Comprometo-me a não repetir o erro.

Como aceitar uma gestação não planejada?

Amando o bebê no seu ventre, a criança que você está gerando. Ele ou ela quis nascer, então está aí seu presente do céu!

Somos realmente livres ou a liberdade é uma ficção?

Santo Agostinho diz que nós somos livres até para fazer o que não gostaríamos de fazer. Isso é a verdadeira liberdade. Não é só fazer o que eu quero, quando quero, do jeito que quero, mas o que é adequado fazer. Somos livres para escolher.

Dinheiro traz felicidade?

Pode trazer. Não é o dinheiro... A felicidade está em você.

Qual é a visão do budismo a respeito desta fase que a humanidade está vivendo? A pandemia, os desequilíbrios ambientais, todo esse contexto...

Precisamos estar mais atentos e ser mais cuidadosos com o que fazemos. Por exemplo, fomos invadindo o meio silvestre sem muita atenção. Não é vingança, pois a Terra não se vinga. Não há uma vingança divina, mas causas e condições que criamos... Isso é o resultado daquilo que nós plantamos. Agora, podemos mudar essa colheita, porque vamos ter que tirar a erva daninha e deixar os frutos bons. É trabalhoso, porque não foi feito por uma ou duas pessoas, mas por toda a humanidade.

Como voltar a ser quem eu era há anos e não sou mais?

Impossível! A Terra não vai para trás. Como era antes, nunca mais será. Como vai ser daqui em diante, isso sim! Como você pode se transformar daqui para a frente?

Os meus pais me cobram muito para ser perfeito. Como eu lido com isso?

Seja perfeito! Ser perfeito é ser quem você é!

Monja, me angustio por não saber o que eu quero. Como descobrir o que realmente quero na minha vida?

Isso é difícil mesmo, porque há tantas possibilidades! Então, de vez em quando, sente um pouquinho, em silêncio, e olhe para dentro de você. Respire profundamente e deixe que a resposta venha do seu mais íntimo.

Como superar a perda de alguém próximo?

É com amor... Porque se a pessoa deixou saudades é porque ela foi amorosa, boa, gentil. Como é que você dá vida, na sua própria vida, àquele que se foi? Podemos ter saudade das pessoas que se foram, seja pela morte ou por outra razão, mas elas também deixam lembranças, memórias e impressões em nós. Isso não desaparece.

O que fazer com os parentes quando discordamos muito deles?

Compreender. Compreender onde estão e por que pensam dessa forma. Não queira mudar o outro. Seja capaz de compreender, porque é pela inclusão que você vai fazer as pessoas ouvirem você. Ninguém ouve quem reclama demais; só responde não.

O que o budismo pensa das outras religiões?

Que elas existem, assim como existem inúmeros seres humanos com necessidades especiais, diferentes, únicas. Portanto, é preciso que haja várias tradições espirituais para atender às necessidades espirituais de cada um de nós.

Qual é o seu filme favorito, Monja?

Tem um filme de que eu gosto muito, chamado *Zen*. Ele é recente, foi gravado no Japão, e conta a história do mestre Dogen, fundador da nossa Ordem.

Faculdade, estágio, cuidados domésticos, bichinho de estimação... Como lidar com o estresse do dia a dia?

Sem ficar estressado... Uma coisa de cada vez. Quando estiver fazendo uma atividade, esteja cem por cento presente.

Qual religião a senhora praticava antes e por que entrou no budismo?

Na infância, eu era cristã católica romana, como a minha família. Aos treze anos comecei a questionar a família e a escola, pois achava que não eram coerentes com o que pregavam. Me afirmei ateia e comecei a estudar filosofia, Nietzsche, a pesquisar em outros lugares, até que conheci o budismo, onde encontrei sentido.

Quero muito aprender a meditar, mas nunca consigo me concentrar. Sempre tenho um turbilhão de pensamentos. Como faço para focar a meditação?

Que maravilha! Você é como eu. Nossa mente é incessante e luminosa. Temos truques, por exemplo: conte a expiração. Inspire e comece a contar ao expirar. Veja se consegue chegar até dez. Eu não conseguia chegar nem ao três quando comecei...

A senhora acredita que existam pessoas iluminadas?

Há pessoas que despertam. Falava-se muito em "iluminação", mas agora falamos o nome Buda como despertar. A pessoa que acorda, que desperta, vê o que é, como é, e atua de forma adequada. Há pessoas muito boas no mundo, se é isso que significa ser "iluminado", que nunca aparecem nas notícias, mas que estão por aí.

Minha namorada sofre com crises de pânico e ansiedade. O que posso fazer para ajudá-la?

Leve-a para consultar um médico e fazer terapia, pois é uma doença. Ela pode ser tratada, curada. Tive um aluno que sofria de crise de pânico, e fazer zazen conosco ajudou muito como complemento do tratamento, segundo o próprio terapeuta dele. Não é uma coisa só, né? As práticas meditativas podem auxiliar no processo, porém a cura mesmo vem de tratamentos mais longos e às vezes até de alguns remédios, quando se está com uma crise mais aguda.

Como iniciar na sabedoria do budismo?

A sabedoria, assim como a compaixão, é algo que pode ser treinado em nós. Tudo pode ser exercitado e treinado. O zazen é isso: você começa a perceber se o seu pensamento está indo em uma direção ou outra, mas é preciso haver pessoas que possam orientá-lo de forma adequada, para que você não saia pela tangente, achando que aquilo é sabedoria quando, na verdade, pode não ser.

Como lidar com os ataques e "cancelamentos" que vemos acontecer tanto nas redes sociais?

Cancelaram você? Sinta-se cancelado, mas não fique triste nem chore. A frase de São Francisco diz: "É melhor compreender do que ser compreendido". Não te entenderam, quiseram te cancelar? Ou será que você não soube se explicar direito, ou a pessoa não estava preparada para te entender? Não fique bravo nem triste. Vá adiante.

Como enxergar a realidade sem as ilusões que nós mesmos criamos?

Pois é... É por isso que Buda dizia que a mente humana deve ser mais temida que cobras venenosas e assaltantes vingadores. Conheça-se em profundidade para não criar fantasia em cima de fantasia.

O que o budismo acha da homossexualidade?

Natural. Existe!

Em que ponto o realismo vira pessimismo e como isso pode ser negativo para nós?

Acho que é melhor ser realista do que otimista ou pessimista. Saber de fato o que está acontecendo para poder criar meios de melhorar e esperançar, que é um verbo usado por Paulo Freire. Nós podemos transformar a realidade. Não para pior, mas para melhor!

Como posso parar de procrastinar?

Como eu gosto dessa palavra! PROCRASTINAR! Ela é medonha, não? Faço pilates de manhã e, quando sugeria à minha professora que começássemos mais tarde, recebia o seguinte recado do marido dela: "Fala para a Monja parar de procrastinar...". Desde então, estou cumprindo o horário direitinho. São palavras pesadas, mas que nos estimulam positivamente. Como eu faço para não procrastinar? Não procrastinando... Não arrume desculpas. Faça!

Mentalizar as coisas realmente vai me ajudar a fazê-las ou a conquistá-las?

Hoje tive uma aula de ioga. E o professor disse assim: "Primeiro pense que você está virando a cabeça para a direita, depois para o centro e depois para a esquerda. Pensou, imaginou? Agora faça!". O corpo e a mente não estão separados, eles são unidos. Então, se eu mentalizo, penso em alguma coisa que vou fazer e faço, a coisa acontece. Se eu só pensar, não acontece nada...

Um amigo meu está com uma depressão pesada. O que posso fazer para ajudá-lo?

Procurar um bom terapeuta que trabalhe com depressão. Converse com ele, fique perto do seu amigo. Não diga a ele que está tudo bem, que isso é preguiça, que passa. Não! Sinta a dor que ele sente. Mas peça ajuda para quem possa ajudá-lo. Um bom amigo pode ser um bom terapeuta, se souber não cair na depressão com ele.

No budismo vocês realmente usam o gongo ou isso é coisa de Hollywood?

Nós usamos os sinos. Os sinos e os tambores que temos nos mosteiros marcam as atividades que vão acontecer. Cada um deles, a maneira como é tocado, tem um significado. Os mosteiros são lugares muito grandes, são montanhas. E às vezes os monges estão longe quando ouvem o tambor, e sabem o que quer comunicar: agora é a hora do almoço, da liturgia etc. Eles não são tocados à toa não, é para tomar uma atitude. Tocou o sino? Pare o que está fazendo e vá atender ao chamado. E às vezes a gente não quer parar, né?

Com a idade vamos sempre acumular sabedoria, ou acumulamos burrice também?

A escolha é sua. O que você quer acumular com a sua vida, as suas experiências? Compreender mais ou ficar mais tolo? São escolhas de cada um de nós.

A senhora acha que atualmente as pessoas recorrem a muitas fugas da realidade e que tem sido cada vez mais difícil viver a vida que temos levado?

Acho que sempre foi assim. Quando as coisas não estão muito boas, criamos fantasias ou pintamos em cima da realidade as cores que gostaríamos de ver. Mas é por isso que é importante conhecer a si mesmo, perceber se é capaz de ver a realidade como ela é: como movimento e transformação. É preciso saber se, com responsabilidade, você faz a realidade ser melhor do que é agora.

É possível meditar em lugares estressantes, como escola, trabalho, transporte público, ou precisamos estar em um ambiente tranquilo para conseguir meditar?

Podemos meditar em qualquer lugar. A meditação não precisa ser feita somente com a pessoa sentada; você pode estar na fila do ônibus e, em vez de ficar aflito olhando para o relógio: respira e expira... Você pode meditar na feira, com todo mundo gritando os preços, caminhando em plena tensão, e estar consciente de si mesmo. Não é que você desligou, mas o contrário: meditar é estar ligado a tudo que está acontecendo, sem ser puxado ou empurrado pelas circunstâncias.

Monja, vim de um relacionamento abusivo, e o trauma que ficou me prejudicou nos relacionamentos seguintes. Como superar isso?

Vai demorar... Claro que vai. Conhece a expressão "gato escaldado tem medo de água fria"? É a mesma coisa. Agora, como não repetir o personagem que causou o abuso? Porque nós também repetimos padrões. Certifique-se de que a próxima pessoa com quem você vai se relacionar não tenha as mesmas características da pessoa anterior, que era abusiva. E não se torne vítima na vida. No primeiro sintoma de qualquer abuso... Parou! Não vá deixando acontecer. Pessoas que abusam de outras precisam de tratamento. E o governo hoje providencia isso.

Meu namorado passa o dia jogando videogame. Já reprovou um ano na faculdade e pegou DP no outro. O que eu faço para ele crescer?

Está viciado como um viciado em drogas. Faça-o perceber a situação, sem brigar. Arranje uma coisa boa para fazer! Você não namora? Vai ficar olhando sem fazer nada? Ou você entra no jogo com ele ou o leva para a rua com você. Mas só reclamar não adianta...

O que a senhora gosta de fazer no seu tempo livre?

O que é tempo livre? Eu não sei o que é lazer. Leitura é uma coisa de que eu gosto. Assisto à novela, vejo noticiários. Gosto de ver noticiários de vários canais diferentes, de outros países, para ter uma visão ampla do que está acontecendo.

Ter uma mente saudável realmente ajuda a ter um corpo saudável?

Ambos são completamente interligados. Mente sã e corpo são.

Monja, sou ateu, mas gosto muito do seu conteúdo. Muito obrigado por trazer palavras e ensinamentos tão bonitos para nós.

Pois é, há muitos ateus que praticam a meditação, que praticam o budismo. Não usamos a palavra "Deus", mas não ter esse conceito não significa que Deus está ausente. Quando você diz "Fique com Deus", você quer dizer "Fique bem, seja abençoado". Esteja com ele, ou ele esteja com você. Veja que no Pai-Nosso se diz "Venha a nós o vosso reino". Não sou "eu" que vou até você, é você que vem a mim. Mas ele vem ao meu encontro quando eu aceito, quando me abro, quando agradeço, quando confio. E isso vale para nós também: relacionamos isso à ideia do ser desperto, aquele que despertou. É o mesmo que falar "Esteja Buda", "Fique desperto, atento". Alguém te dizer "Fique com Deus" é um carinho, porque a pessoa crê em Deus. Mas tem gente que fala da boca para fora, como uma frase sem o menor sentido.

Amo meu marido, mas não tolero minha sogra. O que fazer?

Lembre-se de que seu marido nasceu desse útero e tem o DNA dessa pessoa. Veja o que a sua sogra tem de bom e seja grata por ela ter gerado a vida de quem está ao seu lado.

Fui convidada a entrar na política. Ao mesmo tempo que tenho potencial para ajudar as pessoas, tenho repulsa por toda a sujeira que sei que existe nesse meio. O que devo fazer?

Manter-se limpa. Buda dizia para ser como a abelha, que vai ao mundo para pegar apenas o que ela precisa para fazer o mel. Ela não se macula nem é maculada pelas sujeiras do mundo. Precisamos de pessoas boas, honestas, corretas na política. Você é assim?

Meu filho está sofrendo bullying na escola. Já conversei com a coordenação, mas a situação não melhora. O que posso fazer para ajudar meu menino?

Ponha-o para aprender artes marciais. Faça o seu filho ficar mais forte, é o que você pode fazer. Se os colegas estão abusando dele, é porque, de alguma forma, ele está permitindo ser abusado também. Porém, se ele ficar forte, vai ser diferente. Ou então vá você falar com os malvadinhos da escola... Acho que essas coisas de bullying requerem reuniões do coletivo, não só com a coordenadora da escola. Os pais desses alunos têm que ser chamados. Aliás, toda a comunidade precisa restaurar um relacionamento coletivo que está se deteriorando. O fato de alguém estar sofrendo bullying significa que o sistema social dessa escola não está bom, então é preciso fazer uma reunião com todos.

E fortificar o seu filho, tanto fisicamente como emocionalmente. É simultâneo: de um lado você fortalece o seu filho; do outro, conversa com as famílias dessas crianças, porque elas estão repetindo valores que aprenderam em algum lugar. Geralmente quem abusa é o fraco, não o forte. O fraco tem pessoas de quem não gosta, porque é a sua própria fraqueza que ele projeta. Então ele finge ser forte, poderoso. Os pais dessas crianças que abusam precisam saber que o seu filho está fraco.

Para que serve a meditação?

Para nada! Tinha um mestre que dizia que o zazen não tem serventia, e você não vai ganhar medalha nem nada, pois já é uma atitude de um ser especial.

Como conter meus impulsos?

Antes de falar e agir, pense se é adequado e se vai dar bons resultados. Se o que você for fazer não for benéfico nem para você nem para as outras pessoas, não faça! Na dúvida, não!

Com tanta coisa ruim acontecendo, como a gente faz para ver o lado bom da vida?

É só abrir os olhos, tem coisas lindas acontecendo. Tem solidariedade, humanidade, ternura, poesia, raios de sol, céu estrelado e céu com chuva. Olhe à sua volta, tudo está nos revelando o sagrado. Você não está vendo? Por quê?

Existem monges budistas que reconhecem e alimentam uma relação saudável entre os seus ensinamentos e os do cristianismo?

Muitos! Nós temos uma relação muito bonita. Grupos de monjas beneditinas ficaram no mosteiro com a gente por um mês, no Japão. A minha superiora passou um mês com elas em um mosteiro na Bélgica. Nós temos uma relação muito íntima com o cristianismo, sejam beneditinos, franciscanos, carmelitas. E recentemente fiz um retiro com uma ordem inaciana (Santo Inácio de Loyola). Você aprende exercícios espirituais, que são bem parecidos com as práticas meditativas do silêncio, de olhar para dentro de si.

O que a senhora pensa sobre a questão do consumismo?

Que é preciso ter um consumo responsável. Isso é um dos itens do manifesto da Unesco, publicado no ano 2000, por uma cultura de paz. Consumo responsável. Diferenciar o que é necessário e o que é extra, o que é dispensável. Quando consome alguma coisa, você verifica se é de uma empresa cidadã? Quem está produzindo cuida bem de seus colaboradores? Quem está produzindo está pensando no bem-estar coletivo ou apenas no lucro imediato? Isso é um consumo responsável.

O que mais a impressionou no budismo quando a senhora conheceu a religião?

Zazen! Sentar em silêncio e conhecer a mim mesma. Olhar para dentro de mim mesma. Quem sou eu? O que é a mente humana? O que são pensamentos, memórias, sentimentos, emoções, e como lidar com isso?

Como ter a clareza de que conhecemos a nós mesmos?

Nós nos conhecemos um pouco de cada vez, mas não tudo. Tem uma frase da qual gosto muito: "A procura é o encontro e o encontro é a procura". Essa frase é do papa Francisco, e eu a cito desde antes de ele se tornar papa. Me disseram que era de um bispo católico argentino e eu adorei, porque ela é verdadeira. Quando você encontra a si mesmo, a procura continua, não tem fim. Porque o autoconhecimento é a existência além de si mesmo, é o conhecimento do universo, da vida, de tudo que existe. Há sempre alguma coisa que podemos aprender.

Como lidar com a intolerância religiosa?

Sem se tornar intolerante, compreendendo as diferenças de outras manifestações, da espiritualidade e do sagrado. Todas as grandes tradições espirituais vão falar para o bem de todos. Temos pontos em comum.

Na sua visão, o que é justiça? Ou o que é ser justo?

Ser justo é o que é adequado em cada circunstância, para cada pessoa. Nós não somos iguais. Semelhantes, mas não iguais. As necessidades não são as mesmas.

A senhora acredita em alienígenas?

Não sei. Devem existir outras formas de vida, em outras galáxias, mas eu nunca encontrei nenhuma.

Qual hobby a senhora tem e que ninguém imaginaria?

Não tenho hobby! Que coisa chata, não? Vou procurar um hobby, viu? Todo mundo precisa escolher alguma coisa que seja gostosa de fazer e que não tenha preocupação de fazer bem-feito, de ser excelente. Está faltando um hobby na minha vida...

Quando era jornalista, qual foi a matéria que a senhora mais gostou de fazer?

Uma vez fui para o Nordeste e havia a história de um menino que tinha matado o mandante da morte do seu pai. Esse menino nasceu na época em que o pai foi morto, e a família o educou para que ele vingasse esse crime. O irmão mais velho dele já tinha tentado matar o criminoso várias vezes, sem sucesso. Quando o menino fez dezoito anos, saiu na rua, encontrou o homem e o matou. Ele estava numa felicidade indescritível na cadeia, porque acreditava ter cumprido seu destino. Foi um encontro com uma realidade completamente diferente para mim. Eu tinha dezenove anos quando conheci essa história, no interior de Alagoas; me encontrei com a prefeita, que afirmava que, se alguém levasse um tapa e respondesse ficaria feliz, porque ali tudo se resolvia com balas – e me mostrou a perna dela, cheia de marcas de balas que tinha levado. Todos na cidade já tinham sido baleados. E ela dizia que nós cresceremos como população quando pararmos de atirar uns nos outros.

Além disso, naquela época havia muita seca, e víamos diversas casas fechadas com uma cruz preta na porta. Ver aquele chão seco, o gado morto, foi uma realidade muito dramática, que eu só tinha visto em fotografia, na televisão, no jornal. Vi uma pessoa que era só pele e osso bater na porta da senhora que eu estava entrevistando. Ela tinha um quilo de feijão e lhe deu metade. Vi que a verdadeira solidariedade só acontece quando já passamos por alguma dificuldade. Quem tem fome partilha o pouco que tem. Fiquei muito comovida ao ver uma realidade tão dura e ao mesmo tempo pessoas que cuidavam umas das outras.

Monja, como o budista lida com a mentira?

Quando uma pessoa mente, é como se houvesse uma luzinha na testa que brilha e diz: "mentira, mentira, mentira...". Então você sabe que essa pessoa está mentindo. E não adianta falar "Não minta para mim, eu sei que você está mentindo...". Na verdade, a gente pensa: "Por que essa pessoa não confia em mim, não diz a verdade? Que fraqueza tem esse ser que precisa mentir?". Às vezes a pessoa quebra um copo e esconde... Por que será que ela tem medo de falar a verdade? Será que ela tem medo de ser dispensada? Geralmente as pessoas que mentem o fazem porque temem algo. Quem não tem medo não mente.

Meu marido é uma pessoa muito intensa, enquanto eu sou mais reservada e comedida. Às vezes sinto que essa diferença prejudica bastante o nosso relacionamento. É possível encontrarmos um equilíbrio, ou estamos fadados a terminar?

Terminar por quê? Que bom, vocês são opostos, e os opostos se atraem. Não reclame do seu marido. Quando vocês começaram a namorar, ele já era assim. Você gostou dessa pessoa porque ela era diferente de você. Agora quer que ele seja igual a você? Acolha essa diferença. Ame quem ele é, do jeito que ele é.

A senhora tem animais de estimação? Qual é a sua relação com eles?

Eu tenho três cadelinhas – a mãe e duas filhinhas. E tenho um gatinho. O gatinho e as cadelinhas não se encontram. Minha relação com eles é de grande afeto. Eu digo que não tenho animais de estimação, mas que convivo com seres de outra espécie, que enriquecem a minha vida de carinho, afeto, ternura.

Para meditar é obrigatório ter um mantra?

O zen-budismo não usa mantra, mas há várias tradições budistas que sim. No zen-budismo você vai notar tudo que vem à sua mente e que é incessante, que não se repete, e que há espaços de silêncio que aos poucos vão se tornando maiores. A sua atenção se volta ao silêncio e não ao movimento flutuante de pensamentos, emoções, sentimentos.

Qual é a visão do budismo sobre a desigualdade entre as pessoas?

Primeiro, nós não somos iguais e as nossas necessidades tampouco. Nós somos semelhantes. E o que temos que fazer é diminuir as diferenças com relação à falta de alimentos, empregos, oportunidades, hospitais, até a falta de espaço em cemitérios. Acho que é nosso dever cuidar uns dos outros. Abrir espaço uns para os outros. Quais as necessidades básicas de todos nós que deveriam ser atendidas? Saneamento básico, por exemplo. Porque há casas no mundo que não têm saneamento básico, água tratada. É um horror pensar nisso. Não há alimentos. Não há acesso à educação. Ultimamente, esse medo que as pessoas têm do Talibã, e as mulheres sem poderem sair sozinhas... Quando os americanos deixaram o país, vocês viram que havia homens correndo atrás dos aviões, mas não mulheres? Elas estão com medo desse retrocesso. A gente fica triste em ver isso, mas cada país tem que passar por esse processo. É lamentável. Para o Talibã, o amor verdadeiro (amizade, afeto) só existe entre os homens. As mulheres só servem para reprodução.

Pode parecer estranho, mas essa mentalidade existe. Você não pode ter uma amizade com uma mulher que não seja sua companheira. É uma coisa bem primitiva. Homem é para amizade, mulher é para sexo. Trata-se de uma maneira de manter a supremacia. A jovem paquistanesa Malala, por exemplo, levou um tiro porque queria estudar; é como se vivêssemos várias épocas simultaneamente. Há homens que abusam de mulheres em casa, porque as consideram seus objetos. Qual o nono mandamento? Não desejar a mulher, o gado, a propriedade do próximo. Na hora do casamento, o pai leva para o altar a filha, de branco, não só pela questão da virgindade, mas para ela tomar as cores da nova casa, para ser pintada da cor daquela família. Ela troca de sobrenome, e o pai, muito feliz, entrega a filha para outro homem cuidar. Passa de um homem para outro homem. Todo esse ritual do casamento cria na mente do homem a ideia de que a mulher lhe pertence – vou cuidar dela do jeito que acho que devo cuidar, e ai dela se não me respeitar, se não me obedecer, se não atender às minhas necessidades. Posso ter necessidades extraconjugais, mas ela que não se atreva.

Perceba como tudo isso está envolvido em um sentimento muito antigo, patriarcal. Esse homem tem direito à vida da mulher, aos seus atos e comportamentos, e à resposta que ela dá. Por isso, quando ocorre o feminicídio, o homem quer destruir o rosto da mulher, porque ele adora aquela mulher que não quer mais saber dele. Ele não soube cultivar o amor, o afeto. E ele mata quem ele amava, porque não soube lidar com o amor e com o ódio. É preciso educar para respeitar, cultivar o amor e o relacionamento – seja levando uma flor, dando um carinho, um mimo...

Como aceitar os erros e as falhas da minha mãe, e não a culpar?

Ela é um ser humano. Temos que cortar o cordão umbilical. Faz tempo que você cortou, certo? Então por que você mantém essa relação tão intrauterina com ela? Ela é o ser humano que é, resultado das causas e condições da sua vida. Compreenda, acolha. O amor não deve existir só porque a pessoa merece ser amada. Tenha gratidão pela vida que pulsa em você agora.

De acordo com a sua personalidade, a senhora prefere cachorro, gato, roedor ou passarinho? Por quê?

Eu tenho mais afinidade com cachorro, porque ele tem uma relação mais de afeto: lambe, abana o rabinho quando te vê. O gato já é mais reservado, "na dele"... E passarinho eu nunca tive. Uma vez encontrei um passarinho que caiu do ninho e não consegui fazer com que ele sobrevivesse. Fiquei muito triste, então não sei lidar com passarinho. E também nunca brinquei nem tive um roedor de estimação.

Saí de casa aos vinte anos por não saber lidar com os familiares em assuntos como preconceito social, racial, religioso e como orientação sexual. Isso tem mais de vinte anos, eu faço terapia, mas continuo não sabendo lidar com isso. É possível evitar desgastes nessa relação?

Olha que interessante. Você vem de uma família cheia de discriminações, racismo, preconceitos, mas foi de lá que você saiu. Você é fruto dessa casa. Por que você quer modificá-los? Será que eles já não foram modificados pela sua própria atitude? A gente quer mudar o outro, mas o outro tem o seu tempo de maturidade. Nos Estados Unidos, quando os filhos completam dezoito anos, eles saem de casa e vão viver sozinhos. Por que aqui nós queremos continuar morando com pai e mãe? Você não precisa concordar com eles. Eles já te deram a vida! Tchau! Quando percebemos que os nossos familiares têm esses preconceitos, se o assunto surgir, diga apenas que pensa diferente. Assim você mostra um outro olhar; você já é esse outro olhar dentro da casa.

De certa forma o karma coletivo entra na miríade do DNA?

Participei de um simpósio criado por um grupo na Europa sobre consciência sistêmica, segundo a qual nós temos, na nossa consciência, memória de toda a ancestralidade, de toda a vida humana. Nós já fomos vilões e já fomos vítimas, e tudo isso nos habita. O que nós estimulamos? De novo, a responsabilidade para nossa vida agora. Tudo existe em nós, o estuprador e o santo. Todas as possibilidades estão presentes em nós. Esses jovens americanos que vão para a guerra, eles foram crianças comuns, brincaram; alguns são mais bravos, alguns tiveram dificuldade para matar, mas foi dado a eles treinamento intensivo para que pudessem matar, deram drogas para que odiassem o outro, então eles matam. E como eles voltam para casa? A maioria volta detonada, tanto fisicamente quanto emocionalmente. Outro dia um homem nos Estados Unidos saiu atirando em todo mundo, em criancinhas... Porque eles voltam perturbados pela guerra.

Quando o pessoal foi defender o Trump no Capitólio, lá em janeiro de 2021... A maioria era formada por veteranos de

Pessoas que vão para o *front* voltam diferentes. Elas foram treinadas para a violência, e, quando isso não acontece, não sabem se relacionar no mundo. Nós sobrevivemos a guerras, até à fogueira. Mulheres foram queimadas porque trabalhavam com ervas, com medicina natural. Então esse karma do passado se manifesta também agora e está impresso em nós, no DNA, nessa memória coletiva. Mas hoje podemos fazer escolhas. Por isso é preciso conhecer a si mesmo.

Se pensarmos no que aconteceu na Alemanha, na época de Hitler... A Alemanha era o país com o maior número de prêmios Nobel na história, os maiores filósofos e musicistas, grandes atletas... Uma riqueza cultural enorme. Como essa população alfabetizada foi toda conduzida a cometer um genocídio, o holocausto? Como a mente humana pode ser manipulada a odiar? Precisamos nos posicionar no mundo com relação a gestos, palavras, pensamentos que quero desenvolver nos meus filhos. O que queremos deixar para os nossos netos, bisnetos? O mundo está melhorando, se pensarmos em como era séculos atrás, mas ainda há um longo caminho. Por isso eu digo para sermos gratos por termos nascido nesta época.

Meu sogro descobriu um câncer recentemente. Como lidar com essa situação? Como não se revoltar quando surge uma doença grave em alguém que amamos?

Vamos cuidar desse alguém com muito carinho, com muito respeito. A doença existe. Não é castigo do céu. Pode ser genética ou adquirida, não sabemos. Nós achamos que a vida das pessoas é eterna. Então cuide do seu sogro. Se ele for fazer quimioterapia, fique ao seu lado. Vamos mimá-lo, mas não é só porque existe a doença não, e sim porque a vida passa. A saúde é passageira, a doença também é. E ele pode se curar. A caminhada vai ser longa, sofrida, mas esteja junto, esteja ao seu lado. Diga "Conte comigo!".

Como viver numa sociedade que julga as mulheres que não querem ter filhos, mas aceitam os pais que abandonam os filhos?

A mulher é chamada de pedra quando não pode ter filhos. É chamada de mula porque não é capaz de reproduzir. Muitas adotam crianças e são mães excelentes. Quanto aos homens, de novo é aquela diferença entre o macho e a fêmea... O macho pode sair por aí fazendo filho e está tudo bem. Ele não fica com nada na barriga por nove meses, então vai espalhando seu DNA por aí. A nossa sociedade acha isso bonito. E a mulher, coitada, tem que trabalhar loucamente para sustentar a família. São coisas para as quais precisamos nos educar: os homens precisam saber que também são responsáveis pelas crianças que geram.

Como era a sua vida antes de ser uma monja budista?

Fiz várias coisas na minha vida. Fui criança, adolescente, fui casada, tive uma filha, fui jornalista, estudei balé... Enfim, fiz muitas coisas. Mas essa minha procura pelo sagrado começou muito cedo e acabou me direcionando na espiritualidade. Encontrei o caminho no zen-budismo.

Monja, a senhora segue a sua intuição?

Sigo a intuição, mas procuro apoio na razão. Tenho uma aluna que diz: "Eu queria ter esse 'aplicativo' em mim". A intuição é um poder do cérebro de processar uma informação tão rápido que não passa pelo nosso consciente. Você chega no farol bem na hora em que pode atravessar, mas isso não é intuição. Somos nós que processamos rapidamente as informações. Se eu estou presente no que faço, chego no farol na hora certa. Alguns chamam isso de intuição; eu chamo de processamento rápido de dados. Nesse computador de última geração que é o cérebro eu confio!

Como lidar com o machismo estrutural e como não reproduzir isso nos filhos?

É o modelo que nós mostramos em casa. Mais do que falar, é como nos manifestamos: dar banho, dar comida, ajudar a esposa em casa. No Japão, eles mudaram o material didático que mostrava o pai saindo para trabalhar e a mãe usando avental em casa. É preciso mexer na estrutura toda, inclusive no imaginário (programas, novelas, filmes). Isso tem que se tornar natural. É natural que os maridos ajudem, deem banho nas crianças, e que a mulher tenha posições acima do marido, que ganhe mais, que chegue mais tarde em casa. É preciso educar para transformar uma sociedade.

Monja, a senhora acredita em assombração?

Depende da sua mente. Se a sua imaginação viu uma assombração, ela existe. Não queira convencer o outro do que assombra você. Veja a sombra, a escuridão. Sabe o que devemos fazer? Rezar. Se você acha que tem assombração em casa, nada melhor que um Pai-Nosso e uma Ave-Maria. E acender a luz também ajuda!

Como lidar com a frustração profissional após anos de estudo, dedicação e exercício da carreira sem obter a satisfação esperada?

Ninguém mandou você esperar alguma coisa. Às vezes nós idealizamos uma situação, um cargo, um *status*. Você tem ideia do peso que isso acarreta? Já viu o papa como está velhinho? Já viu como envelhecem rápido aqueles que se elegem presidentes da república? Será algo bom chegar no topo? Então, comece a ficar contente consigo mesmo; quando faz o seu melhor na posição em que está, você encontra a completude.

Como ser empático nos dias atuais?

Ter empatia é reconhecer que o que o outro manifesta é ser humano e que você é ser humano também. Eu me reconheço em você. Mas é preciso dar um passo a mais, que é a compaixão. Enfermeiras e médicos são muito empáticos. Empatia é sentir um pouco a dor do outro, mas sem deixar que isso pese nos seus ombros.

Existe um limite para a empatia?

Não podemos aceitar tudo. Compreender não é aceitar. Temos que ter aquele sinalzinho de PARE. Precisamos manter nossa individualidade. Tem áreas nossas, da nossa intimidade, em que não deixamos ninguém entrar. Isso faz parte da minha psique, e não quero que venha fazer bagunça aqui dentro de mim. Sinto empatia, reconheço o ser humano, mas não concordo com o que você está falando. Posso dialogar, mostrar o meu ponto de vista. Não preciso fazer braço de ferro nem lutar, mas tenho que me manifestar. Ter empatia não é se colocar no lugar do outro, mas ver no outro algo que você reconhece em si mesmo. Ter empatia é tomar atitudes, algumas até bem rígidas. Você pode ter empatia por alguém que maltrata crianças, animais. Você tem empatia, mas não concorda; você vai prender a pessoa, vai encaminhar para tratamento, vai afastá-la. E não pode fingir que não está vendo nada só porque tem empatia. A verdadeira amizade, a verdadeira empatia, não é concordar com o outro. É perceber quando o outro está falhando e apontar essa falha. Dizer: "Não concordo porque sou seu amigo, porque gosto de você".

Monja, a senhora lê muito? Na sua visão, qual é a importância da leitura?

A leitura nos faz encontrar pensamentos e lugares que nós desconhecemos. Eu tenho uma maneira de ver a realidade, e, a partir do momento em que leio outros autores, vou enxergando outros ângulos que não teria visto por mim mesma. É uma experiência muito enriquecedora.

Devo aceitar o preconceito porque o outro teve essa criação?

Nenhum preconceito eu posso aceitar, mas não vou bater no outro ou ter ódio porque ele é preconceituoso. Vou entender de onde isso veio e fazer a pessoa compreender a origem disso. Porque quem tem preconceito e discriminação é fraco. Quem tem uma estrutura emocional forte não sente repulsa nem discrimina.

A senhora prefere rock ou samba?

Rock e samba! Depende do momento, da hora, das circunstâncias.

Os nossos familiares têm alguma relação com o nosso karma, que precisamos resolver?

Existe karma pessoal e existe karma coletivo. Alguns nós desconhecemos, porque foram produzidos há muito tempo, mas eles repercutem em nós. A vida é feita de causas, condições e efeitos. Às vezes existem causas e condições criadas há muitas gerações e que estão dando resultado agora. Por exemplo, os rios Tietê e Pinheiros... Esse é um karma da nossa ancestralidade, que jogou lixo nos rios. Os rios estão imundos, mas as águas são puras.

O que a senhora aconselha: seguir o coração ou a cabeça?

Os dois.

Qual foi o lugar mais bonito que a senhora já visitou?

As montanhas no Japão, no outono. Primeiro está tudo verde por causa do verão, aí vem o outono e as montanhas vão ficando amarelas, marrons, vermelhas; por fim, no inverno, tudo vai ficando branquinho. É como se houvesse um pincel mágico. Essa mudança de outono para inverno é de uma beleza incrível.

Quando esta pandemia passar, vou sentir saudade de ficar em casa, sem pentear o cabelo e às vezes sem tomar banho. E a senhora, vai sentir saudade do quê?

De ficar em casa com minhas cadelinhas, meu gatinho. De ler muito, de escrever mais, de não precisar viajar, enfrentar aviões, aeroporto... Gosto de viajar, de dar palestras, mas fazia muito tempo que eu não ficava em casa. Acredita que até a pelagem das minhas cachorras ficou mais bonita nesse período?

Qual foi o movimento mais transformador que aconteceu na sua vida?

O zazen. A prática meditativa foi muito intensa. Houve um dia em que eu estava meditando e passou toda a minha vida na minha frente, toda a minha história, desde que eu era criancinha. E de repente tudo aquilo fez sentido. Tudo aconteceu como devia ter sido, e foi o que me fez estar onde estou agora. Uma aceitação de mim, da minha vida, das minhas experiências. Isso foi muito transformador!

Monja, a senhora também se arrepende? Já se arrependeu de algo que fez?

De quinze em quinze dias, na lua cheia, na lua nova... Nossa, eu erro tanto! Fico impaciente. A gente erra muito, pensa mal da vida alheia. Que vergonha... Buda dizia: "Todo karma prejudicial alguma vez cometido por mim desde tempos imemoriais, devido à minha raiva, ganância, ignorância sem limites, nascido de meu corpo, boca e mente, agora de tudo eu me arrependo". Arrependimento significa purificação, metanoia, transformação. Percebo a minha falta e me comprometo a não faltar de novo.

A senhora sabe cozinhar?

Eu cozinho, mas não sou muito boa cozinheira. Às vezes deixo a comida queimar, às vezes fica cru, mas cozinho, claro!

Amar demais pode ser problemático?

Amar nunca é demais. Querer possuir, controlar, isso é errado. Isso não é amor, é posse! Amor verdadeiro, que acolhe, que aceita, mal não faz.

Qual é o seu livro favorito?

O tesouro do verdadeiro olho do Dharma (século XIII), de Eihei Dogen, fundador da minha ordem no Japão. Ele foi um gênio, filósofo e poeta, e nos leva a refletir sobre a realidade, nos apresenta uma nova forma de pensar, e nunca sabemos para onde está nos guiando. Quando a gente acha que entendeu algo, ele diz que há algo mais. É o meu livro favorito, já o li umas três vezes.

A senhora come doce?

Como, sim. Adoro doces, chocolate. Gosto do brigadeiro que eu faço, porque não leva manteiga.

Uma lata de leite condensado, duas colheres cheias de chocolate em pó e uma colherzinha de mel. Mexa até soltar da panela. O importante é o ponto! Receita da minha sogra... Às vezes nem faço as bolinhas, como de colher!

O que a senhora acha do vegetarianismo e do veganismo?

São opções de pessoas ricas, de quem tem a possibilidade de fazer essa escolha. A maioria da população da Terra não tem como optar, porque não tem o que comer. Na África e até mesmo em algumas regiões do Brasil, as pessoas comem o que encontram, comem sapo, comem rato. O pessoal aqui na praça come pombos... Para podermos ser veganos, vegetarianos, temos que alcançar uma capacidade agrícola que acesse toda a população mundial. A escolha pelo vegetarianismo ou veganismo é para quem pode optar. Se estivermos pensando na grande população mundial, acho que o pensamento mais importante seria como produzir mais bens com menos agrotóxicos, com menos remédios para os bois, os peixes, para que todos disponham de uma saúde melhor.

A senhora acredita que a mente tem o poder de curar o corpo?

Não sozinha. Acho que corpo e mente funcionam juntos. A mente não está separada do corpo: ela pode perceber a necessidade do corpo e criar meios para que receba aquilo de que precisa. Então, por meio do processo da consciência do próprio corpo você pode procurar o caminho da cura.

Como lidar com os arrependimentos da vida?

Arrependendo-se, percebendo e se responsabilizando pelas suas faltas. A gente sempre quer dizer que a culpa é do outro, mas não é. Aceite que você falha também e se comprometa pelo menos a não repetir o mesmo erro.

Monja, conte um pouco sobre a criação do zen-budismo.

O zen-budismo surgiu na Índia com Shakyamuni Buda, o Buda histórico. Ele é um príncipe que sai do castelo à procura de significado para sua existência e propósito de vida. Ele vai encontrar a velhice, a doença e a morte, e então se afasta do seu castelo e vai viver como um peregrino. Nessa caminhada, depois de várias outras práticas das quais participou, ele vai sentar sizen, em zazen, e através do zazen ele tem a experiência mística, tanto que diz: "Eu, a grande Terra e todos os seres juntos simultaneamente nos tornamos o caminho", então ele se percebe interligado a tudo. Aí começa o zen-budismo.

Na verdade, o budismo começa com o zen-budismo. Os dois estão juntos, não tem um antes e um depois. Depois dessas raízes cresce uma árvore, e um dos galhos dessa árvore (são muitos, como é no cristianismo também) é chamado zen-budismo, porque a prática principal é a meditação, o zazen: sentar-se em meditação.

Terminei um relacionamento, mas não sei se foi a decisão certa. O que devo fazer?

"*In doubt, don't*" é uma frase do taoísmo. "Em dúvida, não." Se você está duvidando, pare um pouco, reflita, pense em profundidade. E, se não era o caso, tente retomar a relação. Mas isso é uma coisa que só você pode sentir. Você e a pessoa com quem você se relacionava.

A senhora acha que estamos nos aproximando de uma sociedade igual à do livro *1984*, de George Orwell?

Acho que não. Na verdade, já estamos vivendo essa sociedade. É o Big Brother Brasil, o Big Brother das câmeras em casa, na rua... Hoje a gente sabe tudo que acontece na rua porque quase todo mundo tem câmera na calçada. No entanto, acho que há muitas possibilidades desse futuro, e elas estão abertas. O futuro que estamos construindo vai depender de cada um de nós. Ele não precisa ser tenebroso, pode ser bem bonito!

Conforme fui envelhecendo, percebi que muitos dos meus amigos têm valores diferentes dos meus. Ao mesmo tempo que sinto que estou me afastando deles, sei que com a idade é difícil construir novas amizades. O que eu faço?

Nós mudamos, e existem outras pessoas que pensam como nós. Minha professora de ioga dizia o seguinte: "A vida é como atravessar uma ponte. As pessoas que estavam conosco no começo e no meio da ponte não são as mesmas que estarão no fim dela". Faça novos amigos. Encontre pessoas que pensam como você. Seja livre.

Existem jovens de oitenta e tantos anos e também velhos de apenas vinte e seis?

Existem sim, porque a velhice não é só o desgaste do corpo físico: é também o endurecimento do processo mental. Aquele que acha que sabe tudo é o que sabe muito pouco. Quanto mais vamos vivendo, mais nos damos conta de que ainda temos muito a aprender.

A senhora assiste a desenho animado?

Assisto!

É possível tirarmos lições e ensinamentos da pandemia?

Muitos, muitos. Houve muita solidariedade... A primeira coisa que a pandemia nos mostrou é que somos um só corpo, uma só vida. Todos nós somos da mesma espécie, a espécie humana, e este período derrubou inúmeras discriminações raciais e preconceitos. Bem, para aqueles que são capazes de ver, porque tem quem continue no mesmo lugar. Acho que há muitas boas lições. Várias pessoas procuraram mais filosofia, interiorização, meditação, uma reflexão mais profunda sobre a vida. Quando a morte está por perto, o vírus está aqui para nos pegar, o que é realmente essencial? Talvez essa seja a principal pergunta que alguns de nós devamos fazer e entender.

Como lidar com as críticas?

Olha, a gente tem que ouvir a crítica e refletir: será que é verdadeira ou não? Quer que eu conte uma boa? Disseram que eu sou a embaixadora da Ambev, uma empresa fabricante de cerveja. Um monte de instituições e grupos que são contra álcool e contra drogas está me bombardeando com mensagens, querendo conversar comigo como se eu fosse uma pessoa muito tola que não sabe o que está fazendo. "Você não sabe como o álcool é perigoso. Você não sabe como essas empresas são péssimas..." Então eu penso: puxa, eles têm boa intenção, porque é uma escolha deles. Eles assumiram consigo mesmos o compromisso de ir contra o álcool de qualquer maneira. E eu posso até compreendê-los, mas o fato de eles não me entenderem não me incomoda tanto, e não acho que eu deva dar explicações das minhas ações.

Há pessoas que me criticam por não entender o que estou fazendo, e não cabe a mim fazer com que todos me entendam. Se eles vissem a campanha, se soubessem o que é, não falariam o que estão falando. Então, a crítica nós ouvimos. "O que será que estão criticando? É verdade ou não? Será que é, será que não é?" E daí nós vemos se podemos mudar ou não. Se devemos mudar ou não.

Coen é um nome que você escolheu ou lhe foi designado?

O nome budista é dado pelo professor, e ele procura alguma característica que considere que seja da sua personalidade, tanto no mundo espiritual quanto no religioso. "Co" quer dizer "só", e "en", "círculo". Isso vem de um poema chinês que fala "mente-lua, só e completa", Shingetsu Coen, que é meu nome completo. "Mente-lua, só e completa", nada falta, um só círculo. A luz faz todas as formas se revelarem, mas, quando luz e formas são transcendidas, o que acontece? Esse é o poema chinês de onde vem o meu nome. O nome do meu professor era Coun, e ele ficou muito impressionado por eu ter sido casada antes. Quando entrei na comunidade zen-budista, tinha trinta e seis anos, e havia muitas pessoas que quiseram se relacionar comigo, mas eu não quis manter relacionamento com ninguém. Então ele falou que eu tinha essa característica de ser só, de estar una comigo mesma, sem precisar procurar alguém para ficar comigo.

Durante a pandemia, ao mesmo tempo que senti que estava perdendo anos importantes da minha vida, também senti que a estava preservando. Qual dos dois pensamentos está certo?

Nunca perdemos a vida, nós vivemos a vida. E a vivemos nas condições em que estamos, não em condições ideais. Não é como era nem como será, é como está sendo agora. E a sua vida está no agora, então aprecie.

Perdi meu pai muito jovem e sinto que, por não ter tido essa figura paterna presente, nunca poderei ser um bom pai. Estou certo?

Errado. Você será um pai excelente. Não temos como saber se seu pai, que morreu cedo, era um bom pai ou não. Ele seria uma boa influência ou uma má influência para você? Não sabemos. Então, seja um pai excelente.

Minha mãe está sofrendo muito com a perda da nossa cachorrinha. Devo deixá-la viver o luto ou tenho que ajudá-la a superar?

O luto a gente tem que atravessar. A minha cachorrinha fez uma cirurgia recentemente e eu quase morri junto... A gente se identifica com o bichinho, né? Não sei há quanto tempo morreu a cachorrinha de vocês, mas você pode convencer a sua mãe a ter outro bichinho mais para a frente. Quando estamos com muita dor, pensamos: "Ninguém vai substituí-la, ela era única, não quero outra...". Mas deixe chegar um filhotinho em casa e ele começar a brincar com a sua mãe, que toda alegria de viver volta. Quando estamos vivenciando o luto, a tristeza, uma criança ou um bichinho nos puxam de novo à vida. E não poderíamos querer que o cachorrinho morresse depois de nós e ficasse chorando em volta do caixão, não é? Se o cachorrinho não morresse, outro cachorrinho não existiria, então nós precisamos desse movimento. Sua mãe tem que passar pelo luto, é verdade, e você ajuda não dizendo "fica bem, não tem importância". Não. Traga um filhotinho quando a dor da perda tiver diminuído. Um filhotinho é uma bênção!

Qual é a coisa mais bela da vida?

É viver com plenitude cada instante. Não ter expectativas, apenas viver o que está acontecendo e construir a realidade. Somos capazes de construir a realidade com o nosso olhar, assim como construímos a casa, escolhendo os quadros e as flores que colocamos. Construímos o mundo à nossa volta.

Cresci vendo filmes de super-herói, e, para mim, o altruísmo é a virtude mais importante. Todos nós podemos ser heróis do dia a dia?

É questão de treinamento. O altruísmo é uma capacidade humana, mas que precisa ser experimentada, treinada e exercitada. Exercitar o altruísmo nos torna cada vez mais altruístas. Tem uma frase do Millôr Fernandes da qual gosto muito: "O maior altruísta é o maior egoísta, porque sabe que só vai ser feliz se todos estiverem bem".

Você acha que o mundo está se tornando mais intolerante?

Não, pelo contrário. Estamos mais conscientes das intolerâncias, porque antes quase ninguém percebia ou falava em tolerância. Agora nós identificamos o racismo, a intolerância, o que não é permitido, a necessidade de criação de um sistema educacional para transformar, por exemplo. Ainda há muita intolerância, mas estamos saindo desse lugar. Ter consciência da intolerância é o primeiro passo para mudar.

Estou no último ano do Ensino Médio e sofro cada vez mais pressão para decidir que faculdade fazer. Você acha que devo ceder a essa pressão, ou sou muito jovem para tomar uma decisão tão importante?

É difícil mesmo! Mas você sabe que o que decidir fazer agora não precisa ser eterno? Há pessoas que depois fazem duas ou três graduações quando não têm afinidade com a primeira escolha. Então, seja qual for a faculdade pela qual você optar, mesmo que você ache que não é bem o que queria, ou que as aulas não sejam muito boas e por isso você se decepcione, se for um assunto que te interessa, vá até o fim. E, se você encontrar outro assunto que te agrade, faça outra faculdade depois. Mas não se aflija: a sua vida não será determinada apenas pela escolha de agora; haverá muitas outras pela frente.

Monja, a senhora acredita que o ensino a distância é bom?

O ensino a distância, para aqueles que não têm nada próximo, pode ser muito bom. Como começou o ensino a distância? Com pessoas que trabalhavam o dia todo e não tinham tempo para estudar. O curso presencial sempre é muito mais interessante, mas, se não é possível, o curso a distância vem substituir a possibilidade de estarmos juntos em sala de aula. Acho que a pandemia nos tornou mais hábeis em estudar a distância. Para algumas pessoas foi difícil, inclusive para os professores, mas pode ser bom, dependendo das circunstâncias e de como o ensino é encarado.

Se você pudesse viajar no tempo, escolheria ir para o futuro ou para o passado?

Nossa, para os dois! Um pouco pra lá, um pouco pra cá, mas o melhor é ficar aqui mesmo, porque eu ia ficar tão fora de lugar, tanto no passado quanto no futuro. Acho que eu só sei lidar com as coisas da minha época, e essa época é uma época que tem todo o passado e todas as possibilidades do futuro nela.

O que é a beleza?

Bom, a beleza tem a ver com as linhas de ouro. São pontos de equilíbrio, que são até matemáticos. Estamos falando da beleza física, que você vê numa árvore, numa planta, em uma pessoa, nos traços do rosto... Mas há também a beleza interior, das virtudes que se desenvolve, do olhar acolhedor, que não rechaça, que não tem medo nem ódio. Existem vários tipos de beleza, não só físicos, mas também emocionais e espirituais.

Qual é o seu autor brasileiro favorito? E autora?

Nossa, são muitos! O primeiro que vem à cabeça é o Jorge Amado. Ele foi bem importante em toda a minha vida. Comecei a ler seus livros na adolescência. E a Cecília Meireles, uma grande poeta, muito bonita.

O que a senhora acha da política?

O professor Mario Sergio Cortella escreveu um livro de que eu gosto muito: *Política: para não ser idiota*. Cortella diz que ele mesmo não tem nada a ver com política, porque ficou muito sozinho, se acha separado. Idiota significa isso, aquela pessoa que acha que não precisa de mais ninguém, que vive sozinho e separado do resto.

Conforme envelhecemos, vamos ficando mais fechados a novas ideias? Ou isso é só desculpa para seguir na inércia?

Depende, não somos todos iguais. Há pessoas que envelhecem com uma grande curiosidade pelo que é novo, pelo que está acontecendo, por como se aprende algo, e há outras que gostam das coisas da sua época e não estão interessadas no que é novo. Entre essas duas possibilidades existem várias graduações.

Um dia sem rir é um dia perdido?

Perdido não é. Ninguém precisa ficar rindo o dia inteiro e todos os dias da vida. Tem dias em que a gente não ri, fica triste, chora, fica sério... Mas não é perdido, é apenas um dia vivido. Cada dia é um dia de vida.

Se a senhora não fosse monja, teria continuado como jornalista ou seguiria uma profissão diferente?

Não sei. São coisas que não temos como saber. Se não fosse assim, o que seria? Mas continuo sendo meio jornalista. Escrevo para um jornalzinho que nós imprimimos aqui na comunidade... Gostar de escrever e de relatar acontecimentos persiste em mim.

Quando a positividade é tóxica?

O exagero sempre pode ser tóxico. "Eu quero ser perfeito, o mundo é perfeito, vai dar tudo certo e as coisas..." O que é dar tudo certo? Às vezes não dar certo é certo. Então, muitas vezes temos que abrir mão de sermos tão positivos para sermos mais realistas.

Monja, até que ponto o luto é saudável?

O luto é necessário, faz parte. E o luto não é só por pessoas que morrem: é também por sonhos, ideias, propostas... A gente se entristece, mas não fica preso na tristeza. Não segure nada.

Qual é o seu dia favorito do ano?

Do ano? Que difícil... Uma das coisas que eu gosto muito de fazer é retiro, e tem um que acontece de 1 a 8 de dezembro. Para mim, 8 de dezembro é um dia muito bom, porque é o dia da iluminação de Buda, e quando terminamos um retiro estamos em conexão com tudo e todos. É uma sensação muito boa.

Qual é o seu momento favorito do dia?

É quando faço as meditações, as orações matinais. São momentos muito bons. Tem essa sensação de estar fazendo bem para os outros.

Qual é a sua rotina diária?

Acordo por volta das seis, seis e meia no máximo, e em seguida abro as portas, cuido dos cachorrinhos, faço meditação, as preces. Depois disso tomo café da manhã, atendo pessoas, escrevo textos, dou entrevistas...

Eu almoço, janto... mas não todos os dias. Às vezes não tem almoço, só um lanchinho; às vezes o jantar é só uma fruta. Ou também pode ter um superjantar, uma pizza... Todas as noites tenho cursos ou lives. Passo o dia todo realmente bem ocupada. O tempo que eu gostaria de ter para ler e estudar está mais reduzido. Achei que a pandemia fosse facilitar as coisas, mas não. A gente acaba tendo outras atividades para fazer na casa, limpar, verificar...

Enfim, varia muito, não tenho uma rotina que seja muito rigorosa e fixa. Ela varia de acordo com as solicitações das pessoas e do dia. Mas a vida é bem divertida!

Você acha que devo seguir os meus sonhos ou optar pela estabilidade?

Você tem que encontrar o equilíbrio entre as duas coisas. Se você tem um sonho que é completamente desequilibrado, vai ter problemas. Estabilidade é um ponto de equilíbrio. Então, se você tem um sonho com o qual possa ter estabilidade ou criar um estado de estabilidade, isso vale mais a pena do que apenas ficar sonhando. A fantasia não leva à construção de nada: se você estiver completamente instável, como fará para realizar os seus projetos? É preciso ter certa estabilidade.

Qual é o maior mal da humanidade?

A ignorância. Quando falamos de ignorância, ela é considerada um dos três venenos: ganância, raiva e ignorância. E não é por falta de estudo, mas por falta da percepção de que somos um só corpo, uma só vida com tudo que existe.

Doenças e karma têm relação?

Não, doença é doença, karma é karma. O que você faz com a doença que chegou até você, seja ela adquirida ou herdada? Como você responde ou reage a isso? Aí você está criando o karma.

A senhora toma café?

Tomo, gosto muito! Puro, sem açúcar, mas bem fraquinho. O pessoal diz que é um "chafé".

Se você tivesse que passar o resto da vida em uma ilha deserta, o que você levaria para lá?

Água doce! O resto a gente dá um jeito, mas sem água doce a gente morre rapidinho!

Quando eu estava na escola, ouvia muito sobre a oposição entre razão e fé. A senhora acredita que essas coisas são opostas, ou elas podem se complementar?

Acho que elas devem se complementar. Existem algumas coisas que não podem ser compreendidas pela razão em dado momento, mas que você pode entender mais para a frente e de outra forma. Não existe fé que não tenha nenhum alicerce em algo que seja razoável de entender.

A gratidão faz a diferença em nosso dia a dia?

Faz sim, e muito. Tem uma música maravilhosa da Mercedes Sosa chamada "Gracias a la vida". É linda, linda. Foi a vida que me deu olhos para ver, me deu ouvidos para ouvir, me deu narinas para cheirar. É uma joia isso, começar a agradecer a vida, sair da sessão de reclamações. A maior parte do tempo em que nós reclamamos, vamos ficando amargos, azedos; quando somos gratos, ficamos mais doces.

Saber que existem pessoas ou lugares em situação pior que a nossa é motivo para sermos gratos ou para nos revoltarmos com a injustiça?

As duas coisas! Agradecer por você não estar nessa situação e fazer alguma coisa para minimizar a dor e o sofrimento no mundo.

Você acha que devemos bloquear as pessoas das quais discordamos nas redes sociais, ou é positivo ter contato com elas para "sair da bolha"?

Depende muito de como a pessoa trata você ou os outros nas redes sociais. Você não é obrigado a ouvir palavras grosseiras e insultos, muito menos *fake news*. É bom saber que as *fake news* existem, mas com o cuidado de não ser influenciado e correr o risco de acabar acreditando nessas notícias. Precisamos ser seletivos com as pessoas com quem mantemos relações mais próximas.

Como podemos aprender que perder é bom sem nos frustrarmos?

Quando era criança, eu e minha irmã brigávamos muito, e meu pai punha a gente para fazer joguinhos. Quando perdíamos, ficávamos bravas, e ele então dizia: "Não, não, não, aqui é diferente. Quem perde ganha".

Vivemos numa cultura que é esta: um ganha, o outro perde. Acho que é importante fazer agora o "ou ganhamos juntos, ou perdemos juntos". Em vez de ter inimigos e competidores, podemos ser parceiros. Quando vemos o mundo dessa forma, ele deixa de ser "eu perdi, que pena" e vira "não, perdemos todos nós". Na pandemia, todos nós perdemos. Nos jogos olímpicos, todos nós ganhamos. Todas as medalhas são de todos nós, não só daqueles que ganharam. Porque nós, seres humanos, pudemos superar o insuperável. E teve alguém que não ganhou a medalha de ouro, mas esteve lá competindo, fez parte.

O que é muito triste de ver e mostra um exemplo muito negativo, inclusive para as crianças, é quando você vê o jogador de futebol, o jogador de tênis, seja lá quem for. Ele entra em uma competição e a primeira coisa que faz é se proteger. Ele se benze, porque "eu vou ficar bem". Outros não, só você, né? Quando faz um gol, ele agradece, fica rindo, e os outros choram. Parece que perder é triste quando não precisa ser.

Todos os dias, cada um de nós está diferente. Posso perder este jogo, perder este momento, mas ganhar mais para a frente. O que eu aprendo com a perda? Por que eu perdi, o que que aconteceu? Não foi culpa minha; o que houve? Quais são as causas e condições? Analisar o que é perder e o que é ganhar. Sabe o que Buda dizia? "Não se alegre com o ganho, nem se lastime com a perda."

Qual lugar do mundo tem a melhor comida? Se não falar que é o Brasil, vou ficar bravo! (Brincadeirinha rs.)

A melhor comida é aquela que chega até você na hora em que você está com fome. As comidas são diferentes, têm sabores e temperos de diversos lugares do mundo. Mas ter um prato de comida na frente quando se tem fome, essa é a melhor comida do mundo.

Como conter o ego?

É preciso conhecê-lo, trabalhar com ele como amigo e parceiro. No entanto, se você deixa que ele faça tudo o que quer, é como uma criança mimada: vira um monstrinho. O ego é assim: ele é parte importante do que me separa do outro, mas, se eu lhe der tudo que quer, ele se tornará um senhor autoritário, que pode me levar à doença e causar grandes transtornos.

O que é esse tal de *mindfulness* de que todo mundo fala?

Eu tinha uma amiga que preferia "*mindemptiness*", o oposto dele! *Mindfulness* é estar inteiro no que se está fazendo. Dentro da ioga é chamado de "dharana", estar em plena atenção, em presença pura. Isso é importante, estar totalmente atento e presente, fazendo o que está fazendo e dando o seu melhor. Mas não é estar bitolado, fechado em algo.

Trabalho tanto para conseguir comprar as coisas... Como não ter apego a elas?

Não é questão de ter apego. Ter apego é ficar desesperado. Saiba usar bem as coisas que você comprou. Faça delas o melhor uso. E, quando não precisar mais delas, pode dar a alguém. Claro que existe aquela peça que remete a uma memória boa, e você não precisa se desfazer dela. Certa vez um monge chegou para o mestre e disse: "Mestre, eu já me despojei de tudo, não tenho mais apego a coisa alguma. O que faço agora?". E o mestre disse: "Jogue isso fora".

Ciúme é falta de confiança no parceiro?

É falta de confiança em você mesmo! Você não confia no seu taco.

Existem vários tipos de ciúme. Tem o da baixa autoestima: "Eu não mereço esse cara, ele é tão maravilhoso, essa pessoa é tão maravilhosa. Eu não mereço, vai ter outra, vai gostar de outra pessoa". Tem a pessoa que está querendo se livrar da companhia, então começa a empurrá-la para longe. Há várias razões para o ciúme, e algumas delas são doentias, então é preciso ter cuidado.

Qual é o maior desafio ao criar filhos hoje?

Acho que é preciso ensinar os filhos a conhecer a si mesmos. Estamos muito voltados para fora. Devemos fazer a criança perceber o que está sentindo e o que fazer com isso, não negar o que se passa com ela. Mas o autoconhecimento é algo muito difícil de ensinar. Em geral, nas escolas se privilegia a competitividade. Os adultos dizem "Você tem que tirar uma nota melhor, você é melhor que o outro", quando deveriam dizer "Vamos ajudar uns aos outros? Você ajudou seu amiguinho hoje?". Esse olhar mais afetuoso, mais inclusivo e de autoconhecimento ajuda a perceber o que você está sentindo e não negar. "Estou com ciúme, será que é necessário?" "Estou com raiva". Muito bem, o que é raiva? Onde ela está, como você está respirando? O que está acontecendo com você? Trabalhar as emoções, conhecer, educar, também a parte do autoconhecimento, da emoção e da espiritualidade, e não só a habilidade de "vencer no mundo". Vencer o quê, se não venceu a si mesmo, se não se conheceu?

O adolescente fica muito preocupado em pertencer e ser reconhecido pelo grupo, e alguns fazem até bobagens para serem acolhidos. Precisamos ensiná-los a ter o seu eixo de equilíbrio, que não vai depender do afeto, da inclusão ou da rejeição do outro. De novo, é sem apego e sem aversão. Sem se apegar aos elogios e às críticas, seu filho precisa ficar ciente de quem é.

Sou alguém que julga muito, tudo e todos. O que posso fazer para julgar menos?

Você já deu o primeiro passo ao perceber que está julgando muito, que está fazendo uma coisa que não é benéfica. Você é capaz de compreender tudo e todos?

O que você acha das pessoas que negam os fatos e a realidade?

São como o avestruz! "Está perigoso, deixa eu enfiar minha cabeça aqui no buraco. Não está acontecendo nada!"

A pessoa não consegue resolver a questão. Se eu nego o que está acontecendo, eu não resolvo. Se nego que estou me sentindo mal, não vou me sentir bem, porque não vou tomar os remédios ou fazer o tratamento adequado, então preciso perceber a realidade como ela é e o que que está acontecendo, para poder atuar sobre ela. Negar apenas não adianta.

Existe nas tradições espirituais uma coisa chamada "via negativa": você vai dizer "não é isso, não é isso, não é isso, então o que é?", para então chegar no positivo. A via negativa nos mostra o que é real. Isso é algo benéfico, usado até na filosofia e nas religiões. No entanto, há outra coisa que é negar a realidade do que está acontecendo porque não sei lidar com ela. Isso às vezes acontece em relações amorosas. Tenho uma relação de certa estabilidade e conforto, e não quero que ela se modifique. Começo a perceber que não está como era antes, que está muito diferente, ruim. Mas vou fingir que não há nada de errado, porque, se eu fingir que nada está acontecendo, vai ficar tudo bem – e, na verdade, só piora. Na hora em que você detecta que tem alguma coisa que não está em equilíbrio, é hora de conversar, procurar esse equilíbrio de novo. O negacionismo da realidade pode levar a situações mais graves.

Sinto que estou usando muito a tecnologia e que isso prejudica minha vida. Mas, ao mesmo tempo, ela é meu instrumento de trabalho. O que faço para ter uma relação mais saudável com a tecnologia?

Você pode criar para si mesmo determinados ritmos. De hora em hora, dê uma parada, uma volta, olhe para o céu, descanse os olhos e a mente. Crie horários para você trabalhar com e sem tecnologia, horários para brincar com os filhos, encontrar alguém para curtir o ócio junto com você. Tem coisas para as quais a gente precisa criar um equilíbrio na vida. Às vezes, trabalhar é muito sedutor. Começamos a trabalhar e está gostoso, então não queremos parar, porque é estimulante.

Existe um mosteiro da França, de Thich Nhat Hanh, aquele monge vietnamita, onde de hora em hora eles tocam sino, e quando esse sino toca você para tudo que está fazendo e respira. Não vai ficar dez minutos respirando; é um segundo. O sino traz você para onde você está. Às vezes estamos tão envolvidos, inclusive com a tecnologia, que podemos até falhar, errar.

Quais mestres do cinema você acha que podem servir de inspiração?

Mestre Yoda e Senhor Miyagi.

Como viver sem ressentimentos?

O ressentimento é uma doença perigosa e ruim. Você tem que prestar atenção: se começar a ficar bravo por mais de dois dias com uma pessoa, a coisa está errada. Nós ficamos bravos na hora, brigamos, podemos até falar o que não devemos, mas depois fazemos as pazes e seguimos. Nós não somos gado para ficar remoendo. Ficar ressentido não faz bem. Podemos falar do que não gostamos, modificar a relação, mas ficar guardando ressentimento não leva a lugar algum. É como se você parasse no tempo. Você parou numa situação e a Terra continuou girando, tudo mudou, e só você ficou ali parado. Não faça isso. Trabalhe para perceber e não deixar que o ressentimento cresça em você.

Como podemos alcançar uma cultura de não violência?

É a isso que dedico a minha vida! Sair de uma cultura de violência para uma cultura de não violência ativa, não passividade perante o mundo. É você se manifestar no mundo sem violência, sem agressões, sem ressentimentos, sem raiva, sem rancores, procurando compreender e usar meios hábeis, como o diálogo, para transformar.

A Unesco tem um manual de dez ações para transformar o mundo numa cultura de paz, de não violência. Esse livreto foi feito no ano 2000, quando se iniciava a década da cultura de paz. Acreditava-se que até 2010 nós teríamos conseguido. Alguns de nós conseguimos, mas muitos ainda não.

Quando falamos de cultura, é como cultivar feijão, arroz... Temos que cultivar a paz em nós, as relações de afeto, de respeito. Não somos obrigados a amar todo mundo e a gostar de todo mundo. Há pessoas por quem não sentimos muita afinidade, mas não devemos ter raiva, rancor, sentir vontade de brigar nem nada. "Eu não a entendo direito, ela não me entende direito, mas não vou à guerra por causa disso. Não vou querer exterminá-la, cancelá-la." É pouco a pouco. Começa com a palavra; não fazer gestos rudes, grosseiros. Não ter atitudes mesquinhas nem pensar mal do outro.

Quais são as violências do dia a dia que cometemos sem sequer perceber?

Ficar pensando mal dos outros, julgar. Pensar: "Aquela pessoa é ruim, aquela falou isso, não está certo...". Isso é muito negativo para nós, pois ficamos envenenados. Por isso que a gratidão é o oposto disso. Ela é como um melzinho na boca, adoça a vida, enquanto o rancor, a braveza, a raiva, o julgamento, a exigência de que o mundo seja diferente do que é nos fazem mal.

O que fazer com os espertinhos do trânsito?

Sabe que às vezes, no trânsito, quando tem uma pessoa muito desesperada querendo tirar vantagem, digo: "Vai ver que precisa ir ao banheiro!". Nessas situações, ficamos desesperados. Você está no carro, tudo fechado, e não está aguentando mais... Não sabemos a razão pela qual a pessoa está fazendo isso. É impróprio, é inadequado, mas quem sabe ela não tem razões que nós desconhecemos?

Como você se sente sabendo que tantas pessoas de religiões diferentes te acompanham e levam seus ensinamentos para a vida?

Fico muito contente de saber, porque não sou eu. O que falo são os ensinamentos de uma tradição de 2.600 anos, talvez muito mais do que isso. Eu apenas transmito ensinamentos que são de Buda e que experimentei e achei bons. Mas isso não significa que todo mundo deve virar budista; é questão de ter uma vida melhor, mais plena, para construir uma cultura de paz, justiça e cura da Terra.

A linguagem que eu tenho é a linguagem de uma tradição, mas não sou eu. Sou apenas alguém que está transmitindo essa tradição e consigo falar numa língua que todo mundo entende. Como diz Mario Sergio Cortella: "Em termos que qualquer um entenda, não só uma elite intelectual e acadêmica, mas para que todos possam entender". É natural porque é tão simples; tudo que eu falo todo mundo sabe, mas a gente precisa ouvir de novo para assimilar.

O jardim do vizinho é sempre mais verde?

É, porque está mais longe. Eu não vejo os defeitos, não vejo a grama ressecada, não vejo os insetos que estão lá... Como está mais longe de mim, a aparência é de que está melhor do que está mais próximo, porque vejo as falhas e posso corrigir. Lembre-se disto: não é melhor do que o seu jardim; dá a impressão de ser mais verde apenas porque está mais distante.

Quem veio primeiro: o ovo ou galinha?

Essa é a grande questão, né? Quando perguntavam para o Buda qual é a causa primeira, ele silenciava... São perguntas que não têm respostas para nós, humanos. Ele dizia: "A mente humana é limitada para compreender o ilimitado".

Há uma frase no judaísmo que diz: "No pequeno cabe o ilimitado. No grande não cabe mais nada". Não é interessante isso? O grande é aquele que acha, e o pequeno é aquele que está faltando, e por isso cabe tudo nele.

Qual é a importância do dinheiro na sua vida?

O dinheiro serve como objeto de troca. Ele não é bom nem ruim, ele é neutro. Nós é que fazemos dele um monstro ou um santo, depende de cada um de nós.

Existe ansiedade boa ou ela é sempre negativa?

Existe a ansiedade boa, gostosa. Hoje a minha secretária disse: "Ai, a senhora vai ficar muito ocupada hoje à tarde, tem duas horas com o Anderson, seu publisher". Ao que respondi: "Que gostoso!". É uma ansiedade boa. "Estarei com eles hoje, vai ser gostoso, é divertido, engraçado, é bom!". É uma ansiedade por algo que não está acontecendo, mas que vai acontecer e que pode ser muito agradável!

Uma vez a esposa de um amigo me convidou para almoçar com ela pouco depois de o seu marido ter falecido. Quando cheguei, ela disse: "Ai, que bom! Há dois dias que estou te esperando! Que bom que você chegou, eu estava ansiosa!". Isso foi de uma ternura e afeto tão grandes! O marido tinha acabado de morrer, então ela estava em um momento muito sensível, muito doloroso, e estava ansiosa. É interessante percebermos que existe uma ansiedade benéfica, que nos faz levantar da cama de manhã. Precisamos de uma força para sair da inércia, e às vezes a ansiedade é o que nos impulsiona.

Tem também a ansiedade perversa, maldosa; fico tão ansiosa que erro tudo, porque não estou presente no que estou fazendo. Então, depende de nós se a ansiedade é boa ou má.

Qual é o seu ditado popular favorito?

Tem um ditado japonês que adoro: "Se houver relacionamento, faço. Se não houver relacionamento, desisto". E um monge dizia: "Se houver relacionamento, faço. Se não houver relacionamento, construo".

O que é o estado Buda?

Buda significa aquele/aquela que desperta. É um estado de estar desperto, alerta, presente na vida. Não estar sonolento, não estar mais para lá do que para cá. É não estar adormecido.

Qual foi a maior saia justa que a senhora já passou?

Foi num enterro! Estavam fazendo um enterro no Morumbi; os túmulos eram no chão, e os funcionários tiraram a terra e subiram o caixão da pessoa para quem eu estava orando. E estava cheio de baratinhas! Eram umas baratas bem pequenininhas, e elas vinham perto do meu pé, e eu rezava para elas não se aproximarem de mim. Foi difícil: a família chorando, eu rezando e as baratinhas quase no meu pé!

Se pudesse voltar no tempo, que conselho daria a si mesma?

Beba com moderação!

Do que a senhora gostava de brincar quando criança?

Eu gostava de brincar com os meninos da vizinhança. A gente subia no muro, andava de bicicleta... De vez em quando minha irmã brincava de casinha, mas ela era sempre a mãe, que tinha que fazer a comida, fazer tudo; eu era a filha e só ficava parada, então brincar com os meninos era mais divertido!

Por que os monges budistas raspam a cabeça?

Porque o cabelo era o símbolo da casta. Buda, quando era príncipe, usava o cabelo comprido e fazia um rabo em cima. Então, quando ele deixa o castelo, a primeira coisa que faz é cortar o cabelo. "Não vou ser identificado pela casta, pelo grupo social ao qual pertenço." O cabelo é a não identificação do grupo social no qual nascemos, e nós continuamos fazendo o que Buda fazia. Também falamos que é para eliminar apegos: "Vou comprar xampu, pentear o cabelo para cá, pentear para lá, tingir, fazer uma mechinha...". E é mais fácil também porque, como não temos cabelo, o ralo não entope!

Cada escolha é uma perda?

Sempre. Quando você escolhe uma coisa, deixa de escolher outra. E como ficar contente com a nossa escolha e não se questionar, "Ah, se eu tivesse escolhido aquela ali"; "Se eu tivesse optado por aquela faculdade"? Não adianta. Depois que você fez uma escolha, entregue-se ao que escolheu e não fique comparando com aquilo que não escolheu. Às vezes eu fazia isso. Eu comprava alguma coisa e depois ia em outra loja ver se o preço era o mesmo, se a qualidade era igual, e minha filha falava: "Mãe, você já comprou, não adianta agora ficar olhando!". Você pode até ficar triste, achar ruim, mas, na hora em que a escolha é feita, não fique pensando se tivesse feito diferente. Faça o melhor que você pode com escolha que fez.

Cada pessoa é especial ou não passamos de mais uma gota no meio do oceano?

Cada gota no meio do oceano é muito especial. Sem essa gota o oceano não existe.

Sabe quando você está andando na rua, vê uma pessoa conhecida, mas finge que não viu para não ter que parar e falar com ela? Essa é uma atitude errada?

Depende da circunstância. Se não temos tempo de falar com ela, e ela é daquelas pessoas que começam a falar sem parar, paramos na frente da vitrine e a deixamos passar. Pode fazer isso! O mais adequado seria dizer: "Oi, Fulano, tudo bem? Estou com muita pressa, não posso falar com você agora". Se fizermos isso, fica melhor. Agora, a pessoa pode nem ter visto você, e de repente já te viu e você não tem tempo para lhe dar nesse momento. Não é que você não goste dela. Não é fingir que não viu, é pensar que você agora não tem tempo para falar com ela, e, se ela vier conversar, você vai cumprimentar; caso ela não te veja, você também não vai chamar a atenção dela. Você não vai evitá-la, não vai fugir dela. Se ela vier conversar, você vai dizer: "Bom dia, boa tarde. Nossa, que bom te ver, te ligo depois, agora estou com uma pressa danada". Também podemos dizer "não", porque temos que ter prioridades na vida, e não é só porque é uma pessoa que conheço que vou mudar meus planos para interagir com ela. Às vezes é possível, às vezes, não. Não existe uma resposta final; depende da situação, do dinheiro ou do momento. O errado é ficar com culpa.

Você prefere frio ou calor?

Há uma expressão que é: "No frio, somos o frio. No calor, somos o calor". Esse é um ensinamento de um monge medieval para um monge que estava reclamando:

– Ai, está muito frio. Ai, está muito quente. O que eu faço? – disse o monge.

O mestre respondeu:

– Vá para o lugar onde não é nem calor nem frio.

E o monge, desesperado:

– Onde é isso? Onde fica esse lugar?

– Você no calor seja quente, no frio seja frio.

Ou seja, adapte-se às situações em que você está, sem preferência.

Qual é a relação dos zen-budistas com o Dalai-Lama?

O Dalai-Lama é uma pessoa muito querida para nós, mas ele é de outra tradição. Ele é do budismo, e dentro do budismo tibetano ele é de uma das tradições.

As pessoas confundem achando que ele é o Papa do budismo, mas ele não é. O budismo é descentralizado. O Dalai-Lama é muito respeitado por todos nós como um grande líder, um grande professor, um grande monge, mas ele não tem nenhuma influência na nossa ordem, a não ser individualmente em cada um de nós. A ordem dele é completamente separada nossa.

A ioga tem relação com o budismo?

Shakyamuni Buda praticou ioga. Quando ele era príncipe e saiu do castelo, o primeiro grupo com quem se relacionou era um grupo de iogis. Ficou uns seis anos com eles e se tornou um grande praticante de ioga. Então, acho que é importante, bom. Ioga é a consciência do corpo e da mente. Mas o fundador da nossa ordem dava broncas. "Não é para ficar fazendo postura de bicho! É para fazer zazen", dizia ele. Há pontos de convergência e de divergência. Eu pratico ioga e acho muito saudável para as práticas meditativas. Ela as complementa.

Menos é mais?

Sim, menos pode ser mais. Nós chamamos de "wabi sabi", que no Japão é considerado uma forma de beleza. Por exemplo, na cerimônia do chá, um lugar mais simples, com menos coisas, você dá mais importância àquilo que está vendo. Numa sala de chá, que é pequenininha e muito simples, geralmente tem um nicho na parede de madeira, onde você coloca um vaso com poucas flores. Às vezes você dá mais atenção se tiver menos flores do que se tiver muitas.

Monjas e monges podem se casar?

Na nossa tradição, podem. Quase todos os monges da tradição japonesa, se quiserem, podem se casar. Não temos voto contra o casamento.

O que significam Buda, Dharma e Sangha?

Buda é o ser que despertou. Dharma são os ensinamentos, que chamamos de lei verdadeira, a lei da verdade assim como é. E Sangha é a comunidade, as pessoas que praticam o Dharma de Buda. Logo, essa trindade, em que não existe um sem o outro, significa os ensinamentos da verdade transmitidos por Buda, o buda histórico Shakyamuni Buda.

O que fazer quando você percebe que uma pessoa próxima não gosta de você?

Você não precisa interagir com ela, não tem como obrigá-la a gostar de você. Você não vai ser aprovado por todos o tempo todo.

Qual é a visão do budismo sobre Cristo?

Cristo foi um grande mestre, um ser extraordinário. Ele definitivamente não era uma pessoa comum. Dentro do budismo dizemos que existem budas/bodisatvas, que são seres despertos, e eles são considerados seres de um grande despertar, de uma grande clareza. Como não temos o conceito de Deus, não podemos dizer que ele é filho de Deus, porque todos e todas são filhos da própria criação, então a relação é diferente. Mas trata-se de uma relação de respeito por um ser que foi extraordinário e que até hoje está vivo; seus ensinamentos estão aí.

Quais foram as maiores lições que a senhora recebeu de seus pais?

Honestidade. Não mentir. Cuidar. Estudar. Ler. São as coisas que eles estimularam em mim.

Qual é o maior prazer que a senhora sente na vida de monja?

Acho que é a vida de entrega a uma coisa em que acredito. Quando ouvi os ensinamentos e comecei a praticar, achei que era a melhor coisa que tinha encontrado na vida. Quando me tornei monja, com trinta e seis anos, falei: "Quero entregar o resto da minha vida a isso que eu acredito ser extraordinário e que me fez muito bem".

A senhora sofreu preconceito por ter se tornado monja? Houve estranhamento por parte da família, amigos?

Na época eu estava nos Estados Unidos e eu mesma já havia me distanciado de todo mundo. Tinha ido morar no exterior, trabalhava no Banco do Brasil, comecei a praticar zazen, larguei tudo o que eu fazia, fui morar na comunidade e aí me tornei monja. Houve estranhamento por parte da minha mãe e da minha família, mas depois eles entenderam. Ninguém se afastou de mim, mas também não houve pessoas que se aproximaram, pessoas do passado. É como se você entrasse em outro plano de relações.

Qual foi o maior choque de realidade que você sofreu quando virou monja?

Acho que uma das coisas mais bonitas que aconteceram e me impactaram foi sentir e experimentar, por meio da prática do zazen, que você está em conexão com tudo e todos. Não foi uma palavra só, não foi um texto que eu li: é uma experiência em que tudo faz parte da sua vida. Tudo que já aconteceu e que está acontecendo está certo, e está bem assim. Você também é um elemento de transformação, então você não apenas observa de longe, mas interfere nessa realidade. Isso foi muito importante. Eu nunca havia refletido sobre isso, que nós estamos mexendo na vida, na trama da existência, com a nossa palavra, nosso gesto, nossa atitude. Antes parecia que eu tinha minha vida e o mundo, e de repente a minha vida é a vida do mundo, não é algo separado. Isso é bem impactante.

Sinto desde criança que meus pais preferem meu irmão a mim. Já comentei isso com eles mais de uma vez, e eles sempre desconversam. O que fazer para que eles passem a me valorizar?

Você prefere o seu irmão a você? Pense nisso. Você concorda que seu irmão é melhor do que você? Que deve ser mais amado que você? Será? Ou será que são necessidades de afeto diferentes? Será que ele tem uma necessidade de afeto e você, por ser mais independente, não precisa, e seus pais percebem isso? Às vezes a impressão que temos como criança ou adolescente, de o meu pai preferir a minha irmã, minha mãe preferir a mim, coisas assim, são afinidades, e essas afinidades existem, não podemos negar. É comum termos mais afinidade com uma pessoa do que com outra, mas isso não significa que não gostemos da outra. Uma pode ser mais parecida com os meus princípios, com minha maneira de ser, e a outra é diferente, mas não quer dizer que não goste dela. É muito difícil o pai e a mãe não gostarem de um filho e preferirem o outro, mas nós não podemos tratar todos do mesmo jeito. Há pouco eu estive com o Anderson, meu publisher, que tem dois filhos. O menorzinho chegou, ficou no colo, ele ajudou e lhe deu comida na boca. O grande veio de máscara, tirou, deu um beijo e saiu. O pai não o pegou no colo nem lhe deu comida na boca, porque seria inapropriado. E não é porque ele goste mais do pequenininho, é porque a necessidade deste é diferente da necessidade do outro neste momento. Então você precisa começar a perceber que os pais não tratam igual não por preferência, mas por necessidade até de atenção, não por amar mais ou menos um dos filhos.

Que idiomas a senhora fala? Além da língua do amor, porque essa é universal!

Eu sei falar inglês e aprendi a falar um pouquinho de japonês, francês e espanhol. A melhor mesmo é o português. O inglês acabou sendo quase uma segunda língua, e as outras dá para arranhar um pouquinho, me fazer entender, mas não sou fluente.

Como ser feliz?

Apreciando cada instante, não na expectativa de alguma coisa mágica, mas apreciando cada instante da vida, assim como ela é. Assim como é movimento e transformação, nós movemos e transformamos também, não somos só movidos e transformados.

Quero muito deixar um mundo melhor para meus filhos, netos e bisnetos, mas sinto que a maioria das pessoas só piora o mundo. Estou me esforçando para nada?

Cada um de nós tem que fazer a sua parte. Enquanto os outros não acordam, vamos fazendo a nossa parte, na expectativa de que eles despertem também, e eu tenho certeza de que eles o farão. O DNA humano é sobreviver, e para isso nós temos que cuidar. Aos pouquinhos as pessoas vão despertando, não todas ao mesmo tempo, mas chegaremos lá. Não desista!

Como alcançar o equilíbrio na vida?

Equilibrando-se! O equilíbrio não é um estado permanente, por isso repito o que o José Ângelo Gaiarsa falava: na vida nós temos que ser equilibristas, o tempo todo nós estamos voltando ao ponto de equilíbrio. Que medo de ser normótico... Saio um pouquinho e volto, saio um pouquinho e volto. Para nos mantermos sentados aqui agora, estamos mantendo o equilíbrio. O corpo mexe um pouquinho, e quando ficamos bem quietos percebemos uns movimentos muitos sutis para podermos manter o equilíbrio. Equilíbrio é sempre movimento, não algo fixo.

Amo a história dos quatro cavalos. A senhora pode contá-la para todo mundo conhecer?

Buda dizia que os seres humanos podem ser comparados a quatro cavalos. Tem um que vê a sombra do chicote e começa a galopar. Ou seja, *ouvi falar que tinha uma doença acontecendo na China no fim de 2019 e vimos que a vida não é fixa nem permanente, e eu começo a apreciar a vida e cuidar melhor de mim e de todos à minha volta.* O primeiro cavalo sai galopando, apreciando a vida, cuidando, respeitando.

O segundo cavalo tem que levar uma lambada no lombo. Dói um pouquinho, mas pega mais o pelo. *O primeiro-ministro da Inglaterra contraiu Covid. Não o conheço, vi na televisão, mas, nossa, é para todo mundo! Pensei que fosse só com o pessoal lá na Ásia! Agora na Inglaterra o primeiro-ministro, um homem rico, importante, também pega Covid, então qualquer um de nós pode pegar. Então vou começar a apreciar a minha vida, tomar os cuidados necessários e fazer o melhor que posso neste momento.*

O terceiro cavalo tem que levar uma lambada que corta a carne. *Morreu de Covid uma pessoa que eu amava. Como dói. Por que que não percebi antes que a minha vida está por um fio? Que todas as vidas estão por um fio? Por que não comecei a fazer o meu melhor antes? Estava esperando o quê? Que acontecesse o quê?* E esse cavalo começa a galopar, a viver com plenitude. Não é com lástima, é com plenitude.

E o quarto cavalo é quando chega você. Quer seja um câncer, quer seja Covid, você está terminal no hospital e fala: *Nossa, eu não morri esta noite. Amanheceu, que bonito. Está chovendo, que bom. Está frio, que gostoso.* Você para de reclamar, de resmungar, e passa a apreciar a vida.

Não precisamos chegar no quarto cavalo para começar a apreciar nossa existência. Podemos ver a sombra do chicote e começar a galopar. Saber que tudo é impermanente e não há nada fixo, mas você pode fazer disto aqui um lugar maravilhoso.

Quem é a pessoa mais desperta que você conhece?

Tem muitas pessoas despertas e tem muitos que ninguém nunca viu, ninguém conhece, o nome não aparece em lugar algum. Muitas pessoas são espertas, e às vezes as pessoas mais inesperadas são as mais simples. Ontem mesmo um homem estava me contando que tinha comprado um sítio, mas não sabia plantar nada, e havia uma raiz que o estava incomodando. Ele foi chamar um senhor e perguntou como fazia para tirar essa raiz e poder plantar no lugar. O senhor respondeu: "Não faça isso. Essa raiz está afofando a terra para o senhor. Ela vai morrer por si mesma, e depois você vai poder plantar aqui o que quiser. Não tenha pressa". Então, existem seres despertos em muitos lugares. Nós temos que estar atentos para poder reconhecê-los e ouvir as suas mensagens.

Qual é o maior presente que posso dar para alguém?

A sua presença pura. Estar inteiramente presente para essa pessoa. Isso faz uma diferença incrível, mesmo que seja por alguns instantes.

As pessoas são humildes e depois do sucesso se transformam e ficam arrogantes? Ou nunca foram humildes, mas se apresentaram assim para conseguir chegar lá e finalmente mostram o que sempre foram?

As duas possibilidades são verdadeiras. E existe uma terceira possibilidade, de a pessoa nunca perder a humildade. Também temos que lembrar que somos húmus, que somos terra, que somos pó, que vamos voltar a ser pó, que tudo passa e vira um pozinho no meio da terra. Temos que lembrar disso quando começamos a ficar muito vaidosos. A gente pega um punhadinho de terra para sentir na mão e pensa: "Nossa, quantas formas de vida já foram esse punhadinho de terra". Então a gente volta ao nosso estado de humildade.

Uma das armadilhas do caminho é o orgulho, a vaidade, é dizer: "Eu fiz, sou importante, olha como sou legal, os outros não são como eu...". Tanto que perguntaram a Buda se o ser iluminado, o ser que despertou, sabe que é um ser que despertou. E Buda disse: "Não, porque, se ele se achar diferente dos outros, é porque ele não despertou ainda". Falta de humildade é achar que é mais que o outro, que é mais inteligente. Se eu captei isso aqui e outro não captou, ele podia ter captado também, ele tem a mesma condição. Não sou mais, nem menos, nem igual. As causas e as condições me levaram a isso. Se você se achar melhor, vai começar a ficar infeliz, porque as pessoas não vão criar um vínculo com você.

Meu pai repetia uma frase em latim: *vanitas vanitatum et omnia vanitas*. Vaidade das vaidades, é tudo vaidade. Alguns acreditavam que tudo que nós fazemos é por vaidade, que estamos nos exibindo. Pode ser, mas que saibamos exibir coisas boas, que levem os outros a coisas boas. É preciso tomar cuidado com o orgulho, com a falta de humildade.

Como viver o momento?
Sempre sinto que estou aéreo ou com a cabeça em outro lugar, e que não aproveito as coisas nem presto total atenção às pessoas.

Volte para a consciência do corpo, sinta os seus pés no chão, sinta como é que você está sentado, cuide da sua postura física, do alongamento da sua coluna vertebral. Onde quer que você esteja, esteja consciente da sua presença espiritual e respire, veja o que tem à sua volta que possa ser agradável ou desagradável, fique presente no agora. Se estiver com o pensamento longe, você não vai apreciar o que você tem agora. Volte para o agora para apreciar este instante, porque o instante seguinte chegará. A gente projeta os momentos seguintes, mas o importante é o momento em que se está.

Perdi a esperança na humanidade. Estou errado?

Você perdeu a esperança em você. Você é a humanidade. Não vê esperança nos seus filhos, no seu DNA, na vida, no planeta Terra? É bom recuperar isso correndo. Gosto da palavra "esperança" de ESPERANÇAR... O que você faz para ser melhor? Às vezes o mais difícil demora um a pouco mais. Não desista.

O que é a cegueira emocional?

Não sei bem o que é, mas entendo como a incapacidade emocional de ver o que está acontecendo: talvez eu esteja com muita expectativa perante a vida, a realidade e as pessoas, e talvez eu projete em tudo isso a expectativa de algo que ninguém tem para me dar. Talvez seja a minha capacidade de perceber as minhas próprias emoções, de senti-las e de reconhecê-las. Então vale a pena procurar saber o que você realmente quer dizer com isso. Cegueira emocional: sou incapaz de perceber minhas emoções, ou as emoções dos outros, ou ambas? Se não sei lidar com minhas emoções, primeiro preciso conhecê-las. Sugiro que você faça zazen.

Monja, a senhora assiste a telejornais? Sinto que eles só mostram desgraça, e isso me faz muito mal.

Atualmente só vejo televisão e notícias na internet, e a maioria das notícias é boa. E, se as notícias ruins vão para o ar, são para que nós tenhamos cuidado, preocupação, cautela. Não é só para ficar com medo não... As notícias estão aí para sabermos o que precisa ser feito. Se neste momento estão acontecendo muitos assaltos nas ruas de São Paulo, não saio com o meu celular na mão, tenho cautela. No entanto, não vou ficar em casa trancada por causa disso. Temos que ler e ouvir as notícias e saber que existem coisas bonitas. Tem solidariedade, tem passarinhos que se postam na frente das câmeras das estradas. E tem também o ângulo daquele que está fazendo a foto, o ponto de vista desse jornalista que está entrevistando. Há muitas coisas que você pode ver nos noticiários, e não só as notícias ruins. É como a mente. Não pense que a sua mente só tem pensamentos perniciosos e malévolos. Comece a dar atenção a seus pensamentos bons.

A senhora torce para algum time de futebol?

Não torço para nenhum time específico, mas gosto de assistir aos jogos, porque tudo pode acontecer em noventa minutos.

Como não responder à violência com mais violência?

Naquele momento em que a pessoa é agressiva com você, respire, sinta essa agressão. Você não nega que foi agredido, mas como responde nessa situação? Isso é arte, isso é treinamento. Você não conseguirá nas primeiras vezes, mas aos poucos pode modificar a relação com essa pessoa, inclusive cortar vínculos emocionais de agressividade. Mas é preciso muito treinamento. Não é fácil, é possível.

Qual é a sua interpretação sobre o que são os sonhos?

Considero que os sonhos são a linguagem da nossa mente conosco, e há tantas coisas que aparecem nos nossos sonhos. Algumas pessoas têm sonhos premonitórios, outras têm sonhos de memórias que estão dentro de nós e que podem parecer estranhas, e há sonhos que são só um descansar da mente. Conheci um psiquiatra que dizia que, mais do que dormir, nós precisamos sonhar. Quando uma pessoa tinha insônia, ele recomendava: sonhe! Deite-se na cama e imagine um cenário de que você goste. Uma praia, uma montanha, imagine que está voando, indo a algum lugar onde você gostaria de estar. A mente precisa descansar. E uma maneira de descansar é sonhar. Pode ter coisas mágicas nos sonhos. Neles tudo é possível. O fundador da nossa ordem dizia que a vida é um sonho dentro de um sonho.

Os monges e monjas podem ingerir bebida alcoólica ou isso é proibido?

Não é proibido, não. No budismo japonês não há essa restrição ao álcool.

Quais são os nossos principais direitos e deveres na visão do budismo?

Temos o direito e o dever de despertar. Nascemos seres humanos, temos uma condição diferente da dos outros animais, não somos melhores nem piores, e temos que desenvolver o melhor da nossa capacidade. E uma das coisas é despertar, conhecer a realidade como ela é para atuar de forma decisiva. Temos uma série de preceitos de vida ética; o primeiro diz para não fazer o mal, e sim o bem. Este é nosso principal direito e dever: fazer o bem a todos os seres. São dez regras:

- Não matar.
- Não roubar.
- Não abusar da sexualidade.
- Não negociar intoxicantes.
- Não mentir.
- Não falar dos erros e faltas alheios.
- Não se elevar e rebaixar os outros.
- Não ser movido pela ganância.
- Não ser controlado pela raiva.
- Não falar mal do que é sagrado.

Essas são as nossas regras, nossos princípios, nossos preceitos.

Monja, você acredita em milagres?

Há coisas extraordinárias que talvez a gente chame de milagre. Há coisas raras e inesperadas que podem sim ser chamadas de milagre.

O que define mais o que eu sou: meus pensamentos ou minhas ações?

Ambos, e você tem que observar seus pensamentos, porque muitas vezes conseguimos controlar nossas ações e nossas palavras, mas não nossos pensamentos, que dão origem às palavras e ações.

O que a senhora acha da filosofia ocidental? Tem algum filósofo favorito?

Não leio muita filosofia, mas aprendo muito com o professor Mario Sergio Cortella e com o Leandro Karnal. Quando jovem, eu lia muito Nietzsche; agora dizem que Schopenhauer é muito próximo do budismo. Tenho aprendido um pouco com eles. Eu gostaria de ter feito faculdade de filosofia, mas meu pai não deixou.

Qual é o segredo para a longevidade?

Interessante. A minha superiora perguntou isso a um monge que estava com quase cem anos, e ele respondeu: "Eu como três vezes ao dia, nas horas certas. E é só isso!". Ou seja, mantenha um ritmo saudável de alimentação, de vida... Talvez seja esse o segredo da longevidade. E acho que ter a mente tranquila, não ficar muito assoberbado, com muito drama, saber lidar com as coisas com mais leveza contribui para isso também.

Sempre me frustro por ter expectativas muito altas.

Ter expectativas absurdas não adianta, porque são inalcançáveis. Não adianta querer dar um salto daqui para chegar na China. Não vou conseguir e ficarei muito frustrada. Portanto, precisamos perceber o que é real, o que é verdadeiro, o que é possível. Então, mais uma vez digo: vá meditar. Respire conscientemente. Perceba a sua tendência a querer mais do que você pode obter neste momento. Mas também não se limite por isso. A frustração desse momento pode ser a realização do momento seguinte.

Pensamentos negativos podem me trazer problemas de saúde?

Podem, sim. A mente e o corpo estão completamente interligados; se eu só penso em coisas prejudiciais a mim ou aos outros, acabo me tornando uma pessoa amarga. Isso levará à produção de bile no fígado, a desequilíbrios hormonais. Por isso, tome cuidado com sua mente. Buda dizia que devíamos temer mais a mente do que tememos assaltantes, vingadores e cobras venenosas.

Como ser positivo quando vemos tanto ódio sendo disseminado e estimulado no país todo?

Não se envolva nisso. Em vez do ódio, cultive a compreensão, o diálogo. Esses dias eu estava conversando com um grupo sobre temas urgentes, e eles me disseram que há pessoas com quem não se consegue dialogar. A gente conversa com todos, inclusive com aqueles que vão à CPI, por exemplo, mas não respondem. Mesmo sem responder, eles estão falando alguma coisa. A mensagem está sendo passada. Quando afirmam que é impossível dialogar com o presidente da república, tudo que ele fala é diálogo. Na hora em que ele fica bravo com a imprensa, ele está dialogando...

O diálogo não ocorre apenas quando a pessoa responde de acordo com as minhas expectativas. As pessoas vão falar do lugar e da condição onde estão. E, se há muitas pessoas com ódio, não vou deixar que isso me contamine. A raiva e a agressão podem ter sido reprimidas por anos, porque não era politicamente correto manifestar-se assim, mas a pessoa tinha esses sentimentos. E é só na hora em que põe tudo isso pra fora que a própria pessoa reconhece o racismo, a xenofobia, as questões homofóbicas. E é então que conseguimos perceber que as pessoas que têm muita raiva são mais fracas, não têm confiança em si mesmas, por isso precisam agredir os outros. Agora parece bonito ter raiva, ódio; o ser humano tem essa necessidade de pertencimento. Acho que a solução não está em não se envolver. Procure entender por que as pessoas têm tanto rancor... Falta alguma coisa. Quando estamos em estado de amorosidade, tudo é belo.

Como manter o interesse pela vida?

A vida é para ser vivida. Que interesse extra você quer ter? Só viver já é interessante. Faça alguma tarefa que lhe seja prazerosa, agradável. Não podemos ter atividades apenas para ganhar dinheiro, apesar de ser algo importante. Se você vai se massacrar para fazer coisas que acha desagradáveis, só para ter lucro no futuro, tome cuidado. A vida tem que ser prazerosa. Escolha tarefas, ações, trabalhos que sejam legais pra você.

Qual é a visão mais equivocada que as pessoas têm a respeito do budismo?

As pessoas confundem Hotei, símbolo da fartura, com Buda, símbolo da sabedoria e da compaixão. E não se põe dinheiro na frente da imagem de Buda para atrair dinheiro... Confundem a história de que, se você der, vai receber... Trata-se mais de uma superstição.

O que leva uma pessoa a mudar de religião?

Questionamentos. No meu caso, por exemplo, comecei a questionar os adultos que viviam à minha volta, que se diziam cristãos mas não estavam se comportando como Jesus ensinava. Então eu disse não... não quero mais. Vou procurar outra coisa. E com a idade vamos entendendo que, mesmo que a pessoa não seja capaz de incorporar os ensinamentos, o fato de estar ligada a alguma religião é bom, ela está tentando. Quando adolescentes, somos muito exigentes. E comigo foi mais ou menos isso que aconteceu: achei que não entendia bem o que as pessoas estavam falando. E, quando passamos de criança para adolescente, a maneira de falar não cabe mais; passamos do berço para a cama, não existem mais as proteções. Mesmo assim, as conversas que se mantêm é como se você fosse um bebezinho. Acho que é uma busca mais existencial que nos leva a mudar de tradição espiritual. Às vezes pode ser uma busca espiritual, o resultado de um desencanto com a tradição em que a família está envolvida, uma crítica aos pais, àqueles com quem você convive há mais tempo.

O que a senhora considera ser a maior virtude de uma pessoa?

Há várias virtudes: a paciência, a persistência, a capacidade de doação, a força de não desistir, a resiliência. É possível perceber que, para cada um de nós, em momentos diferentes da vida, uma das virtudes se torna mais importante. É isso que nós precisamos trabalhar: não há uma virtude superior a outra.

O que são paramitas? Quais são eles?

Os paramitas são aquilo que nos faz atravessar de uma margem à outra. A vida é como se fosse uma margem; esta margem está confusa, com muita briga, e do outro lado tudo parece estar tão bem. Então, como é que você atravessa para a outra margem? Os barcos que nos levam são os paramitas, que são virtudes que precisamos praticar. Quando você chega na outra margem, precisa ajudar os outros a virem para cá. O ser iluminado é aquele que não fica no lado bom; assim como eu, ele ajuda as pessoas a virem para a margem "boa".

São seis paramitas:

- Doação.
- Preceitos – vida ética.
- Persistência.
- Tolerância, inclusão, aceitação dos outros.
- Meditação.
- Sabedoria (virtude a ser desenvolvida).

Tenho dificuldade em me colocar no lugar do outro e desenvolver a compaixão. Como faço para desenvolver essa habilidade?

A gente nunca se coloca por completo no lugar do outro, mas consegue compreender um pouco o olhar, a visão do outro. É preciso conversar com essa pessoa, estabelecer um diálogo. Convide-a para jantar, para fazer uma live: é uma maneira de tentar entender o outro. Mesmo que nunca veja o mundo da maneira que o outro vê, você pode compreendê-lo, e isso é o mais importante. Porque a compaixão tem a ver com isso. Porque a empatia é sentir o que o outro sente. Então o que você faz? Você é capaz de transformar isso em afeto, em cui-

uma carga muito pesada. A gente vai conversar com elas e sai se arrastando.

Tenho uma conhecida (éramos amigas quando jovens) cuja sobrinha me pediu para ir conversar com ela, pois estava muito ranzinza. Nossa, foi difícil! Sabe quando a pessoa está incrustada em um sofrimento e não abre mão de jeito nenhum? É difícil, e nem sempre é necessário que você sinta essa identidade completa com outro. Você pode não entender, e mesmo assim querer que a pessoa fique bem, que encontre um estado de plenitude, de alegria, que não fique tão ranzinza, brigona, reclamona. E às vezes a gente não pode fazer mais que isso. Também não pense que vamos salvar o mundo. Às vezes é ele que nos salva.

Existem pessoas que nos vampirizam, que roubam nossas energias? Como nos proteger delas?

Fique longe! Tem pessoas que criaram em volta de si armaduras e são como ouriços, ficam jogando espinhos. Você pode se desviar desses espinhos, não é obrigado a conviver com isso. São pessoas desagradáveis e que não conseguem sair dessa situação. Não ache que você é o salvador do mundo e que vai conseguir tirar essa pessoa de lá. Tentamos algumas vezes, mas, quando vemos que não é mais possível, oramos para que ela possa se levantar desse estado negativo.

A senhora sempre soube qual era o seu propósito de vida? Qual é?

Na infância e na adolescência, eu nunca pensei em qual seria meu propósito. Fui vivendo e as coisas foram acontecendo. Tinha propósitos imediatos de estudar, de passar de ano, de fazer uma faculdade, casar, ter filhos. Os propósitos vão se modificando. Desde que eu me tornei monja, o meu é provocar as pessoas a ficarem bem, a despertarem, a apreciarem a vida, a pararem de brigar. É possível que a gente tenha paz na Terra, mais harmonia neste cosmos. Pare de destruir a natureza, pare de poluir – não só a poluição atmosférica, mas também a poluição dos pensamentos. Meu papel neste momento é filtrar um pouco essas energias prejudiciais. Que eu possa mostrar para as pessoas que há outra maneira de ser no mundo, e que a outra maneira pode ser bem mais saudável para nós e para as outras gerações.

O que a senhora acha de palavrões?

São palavras grandes e pesadas, desnecessárias. Acho que temos que procurar palavras adequadas, e aí o nosso discurso, a nossa narrativa, vai ser mais facilmente compreendida.

Gentileza gera gentileza?

Sim, gentileza gera gentileza. Palavras apropriadas, palavras amorosas, gestos de compreensão, acabam trazendo de volta mais amor e compreensão.

Como lidar com os desejos sexuais?

Há várias maneiras: questione o que é adequado com quem, em que momento, e se é pertinente. A sexualidade é natural e saudável, mas existem doenças sexuais. Pediram a Frei Betto que desse uma bênção. O casal tinha acabado de se casar; quando os dois chegaram ao quarto na noite de núpcias, Frei Betto abriu a porta e disse: "quem é?". O marido perguntou se devia deixá-lo entrar, ela disse que sim. É Deus... O que seria uma orgia virou uma liturgia.

Somos todos metamorfoses ambulantes?

Estamos em transformação incessante, individual e coletivamente. Alguns de nós são como a ponta da flecha, que se transforma primeiro, mas atrás de nós vem toda a multidão. Importante saber dessa flexibilidade, mas podemos escolher o rumo da nossa transformação.

Nós temos personas diferentes para cada situação? Somos uma pessoa com os amigos, outra no trabalho, outra com a família etc.?

Sim, somos múltiplos, porque representamos inúmeros papéis. O pai, no momento de ser pai, atua de uma forma; como marido, como irmão, como filho, de outra forma. Temos o fio condutor, que são os princípios da nossa vida, mas as nossas maneiras de responder são diferentes. Se misturamos os papéis, vira confusão.

O que é sabedoria?

É a capacidade de ver com clareza o que está acontecendo e de tomar decisões adequadas para o bem de todos os seres. Não pensar só em si, mas nesse ecossistema, em todos nós.

Como desenvolver a humildade?

Pegue um punhado de terra do jardim e pense quantas formas de vida esse punhado de terra já foi: borboletas, animais de todas as espécies, seres humanos, árvores. Nós somos feitos dessa terra, desse pó. A palavra "ser humano" vem de humildade, húmus. Somos terra.

É normal sentir medo?

Depende do medo. O medo faz parte da nossa existência, nos protege, nos alerta. Mas ele não pode ser exagerado. Tem uma história de Buda sobre um homem que não dormiu a noite toda com medo de uma cobra. Quando amanheceu, viu que era um galho de árvore. Então, temos que saber se o medo que estamos sentindo tem fundamento ou não. O que eu estou vendo é alguma coisa da qual realmente tenho que me precaver ou não?

Como o budismo pode ajudar com a depressão?

Pela prática meditativa, conhecendo a si mesmo e percebendo que está com depressão. O budismo não cura a depressão, mas faz a pessoa perceber que não está bem e que precisa de apoio.

A senhora tem alguma superstição?

Não, não tenho. Aliás, uma vez fui a um mosteiro na Índia, e um monge amarrou uma fitinha no meu braço. Voltei toda feliz com ela, cheguei na aula de ioga e a minha professora perguntou o que era aquilo. Depois que expliquei, ela disse: "O budismo não tem superstição, né?". Tirei a fitinha e a coloquei em uma imagem de Buda, mas não a joguei fora porque foi um momento especial: no templo geralmente não deixam as mulheres irem no altar; o monge colocou uma estopa na minha cabeça e amarrou a fitinha no meu braço, e eu fiquei muito feliz. A proteção não está na fita ou na estopa, mas em saber que Buda vive em nós.

O que fazer quando perdemos a confiança em alguém que amamos?

Essa confiança precisa ser restaurada. Queremos restaurar esse relacionamento, mas precisamos ver a disposição da pessoa em reconhecer e corrigir o erro. Por exemplo, alguém tinha um sócio, que abriu uma empresa paralela e levou embora os clientes. Aí a confiança não tem como ser restaurada. É ruptura total.

Qual é o primeiro passo para quem quer ser budista?

Meditar. Procurar um centro budista e começar a estudar e meditar. Este seria o primeiro passo: participar de algum grupo.

O que é o amor incondicional?

É não pedir nada em troca. Você pode amar uma pessoa sem que ela mereça o seu amor. Eu amo sem nenhuma condição, por amar apenas.

O que é morte para o zen-budista?

É uma etapa. Tudo que começa inevitavelmente termina – palavras de Buda. Mas ele fala uma coisa muito boa: "Não é apenas o meu corpo que vocês amam, mas os ensinamentos, tudo aquilo que eu pude trazer. Então, façam dos ensinamentos o seu mestre e eu viverei para sempre". A ideia de vida eterna de Buda é que aquilo que é construído continua nos seus discípulos, nos seus sucessores. A vida tem um processo sem começo, meio e fim, mas cada uma de nossas existências tem um começo e um fim. Sempre cito a analogia do mar: é tudo água salgada; causas e condições criam uma onda que seria uma das nossas vidas, que tem começo, meio e fim, mas durante todo o processo ela era água salgada, era mar. Dá a impressão de que acabou, morreu, mas essa onda que se foi cria condições para a onda seguinte, que não será mais a mesma. A morte é uma das etapas da nossa existência.

Qual é a relação entre a vitimização e o nosso ego?

Foi Freud que chamou de ego o nosso euzinho... No Japão eles chamam de *wagamama*, a pessoa que só pensa em si. Eu isso, eu vítima, eu coitadinho... Sofro, ninguém me entende, os outros têm coisas melhores do que eu... Vitimização é isso! Nunca tenho oportunidade, faço o meu melhor mas ninguém me escuta. Então tem a ver com esse ego, e a pessoa só vê a si mesma, não se dá conta de que não é a única que foi pedir emprego e não conseguiu, não é a única que não foi ouvida na sala naquele momento. Como eu me torno visível, como faço com que os outros me escutem, em vez de apenas me vitimizar? É sempre esse EU que vem na frente. É por isso que no zen a gente trabalha muito em falar o Não Eu, perceber-se como interligado a tudo, aos outros também. Perceber as relações com as outras pessoas. É como a borboleta que sai do casulo. O casulo foi importante, te protegeu, criou condições para um dia você abrir as asas e voar.

Qualquer pessoa pode vir a ser um monge?

Qualquer um pode entrar para um convento, para a umbanda, para o candomblé, tornar-se pai de santo, tornar-se freira, mas precisa ter dedicação. Tem aquela frase "o hábito faz o monge". O hábito de praticar sempre, porque só a roupa não faz. O hábito de vestir a roupinha de monge não faz virar monge.

Quais são as práticas para se tornar uma mente iluminada?

Há várias práticas; a mente é incessante e luminosa na sua santidade. Você tem que perceber isso. É um processo de meditação, de auto-observação, então precisamos observar a nossa própria mente. A gente quer muito observar os outros, né? Mas primeiro comece a olhar para você, como está se comportando. Se questione, se conheça.

Como lidar com conflitos entre irmãos que não dividem os cuidados com os pais idosos?

Se você pode, cuide! E seja grato por poder cuidar. Não exija dos outros o que eles não têm para oferecer.

Por que nos preocupamos tanto com a opinião dos outros a nosso respeito?

Porque não saímos da adolescência.

Monja, todo indivíduo que tem um desvio de caráter pode ser recuperado?

Alguns sim, outros não. Mas a gente sempre tenta essa recuperação. Sempre existe alguma melhora, talvez não como as pessoas gostariam, mas algo sempre pode ser modificado. Mesmo crianças. Tenho uma pessoa aqui que é fisioterapeuta e que recebe crianças de quem a APAE não cuida por não terem cura nem importância estatística. Essa profissional diz que existe melhora, mesmo que mínima, mas que quem não está junto não percebe. Qualquer apoio que você dá positivamente para qualquer ser humano tem uma resposta.

A morte é a única certeza da vida. É possível tirar proveito dessa verdade?

Temos que nos lembrar da finitude. Somos finitos, e com isso podemos apreciar o agora, podemos ser excelentes agora, porque daqui a pouco acaba. E não ter pressa para morrer. Tem gente que quer se matar... Para quê? Não precisa se matar, a morte é para todos... Espere, viva as experiências que você pode passar nesta vida. Amadureça com isso.

O que a tira do sério?

Burrice. Não é que a pessoa seja burra, mas finge que não está entendendo, repete os mesmos erros; você sacode o ser adormecido e a pessoa não responde. Sou um pouco impaciente. E me irrito com o "mas" nas justificativas. "Por favor, preste atenção." "Eu prestei, mas..." Que *mas*? Deixe o *mas* pra lá e preste atenção!

O que os animais podem ensinar para o ser humano?

Depende do animal. Tenho cachorros, e eles me ensinam afeto, ternura, humildade. O gato já é mais independente, é puro instinto. Mesmo o animal que nasceu com uma índole mais agressiva, se você der carinho, ele amansa. O instinto pode ser modificado de acordo com a forma como o animal é tratado. Isso não significa que os bichinhos não queiram nada em troca. Eles querem comida, afeto, atenção. Nós temos uma relação afetiva com eles.

O que é felicidade?

É estar de bem com a vida, com você mesmo. Ela não é infinita, porque nem sempre estaremos bem.

Qual é o verdadeiro significado da família?

Hoje em dia existem famílias que não se encontram, ficam muito sozinhas. É essa família humana que devemos priorizar. Então, vamos falar da grande família humana, em que todos nós somos irmãos e irmãs... E brigamos porque nos reconhecemos, nos diferenciamos e não nos reconhecemos em alguns momentos. No entanto, precisamos sempre lembrar que vivemos em uma família biológica e devemos nos cuidar, em primeiro lugar.

De que forma podemos evitar a autopromoção?

A nossa sociedade exige isso de nós. Estão sempre querendo que você diga do que é capaz. É uma coisa muito diferente no Japão. Fizeram uma experiência com duas classes de alunos da mesma idade, nos Estados Unidos e no Japão. Uma pessoa entrou na sala de aula e perguntou quem sabia nadar. Nos Estados Unidos todos levantaram a mão; já entre os alunos japoneses, nenhum deles levantou a mão, embora todos soubessem nadar muito bem. Nos EUA você é treinado a dizer o que sabe fazer, mesmo que não faça muito bem; você diz "eu aprendo", "eu consigo". No Japão, enquanto não dominar uma arte, não se diz que sabe fazer. E a nossa sociedade nos exige que você mande o seu currículo, que diga o que sabe, o que estudou. Ao se apresentar, você já mostra seu currículo com a informação de onde estudou, onde trabalhou. Isso é autopromoção; se você não se autopromover, não será visto. E há pessoas que acabam exagerando. Costumo brincar com a outra monja que mora aqui: digo que limpei toda a pia, e ela responde "se autopromovendo...".

A senhora imaginou que um dia seria autora de livros?

Não, mas sempre gostei de escrever. Minha mãe era poeta, e meu pai gostava muito de ler, então nós criamos o hábito da leitura em casa. Com a leitura eu comecei a escrever, e escrevia textos na escola, ganhava prêmios, mas nada muito significativo. Daí fui ser jornalista, e a partir de então o prazer de escrever cresceu. Hoje eu escrevo porque é gostoso. Tenho contratos, compromissos, mas gosto de escrever. E é muito prazeroso porque me surpreende. Escrever traz coisas que às vezes eu nem sabia que estavam em mim; elas surgem.

A humildade é a maior virtude do ser humano?

Acho que temos várias virtudes a serem trabalhadas e cultivadas, como a solidariedade, o cuidar do outro e de você com respeito e dignidade. Talvez a humildade faça parte disso; é que todas as virtudes estão entrelaçadas, trabalham mais ou menos juntas. Isso é importante.

É possível construir uma sociedade sem guerras, sem ódio, sem violência?

Espero que sim. Estou vivendo e trabalhando para isso. Pode ser que eu não veja, mas acho que podemos viver em harmonia e inclusão. Estamos caminhando nessa direção.

Se tivesse a chance de
fazer uma pergunta a Buda,
o que perguntaria?

De que maneira podemos fazer com que o maior número de pessoas desperte?

Qual seria a melhor notícia que gostaria de ouvir em um telejornal?

Tem coisas boas que estão acontecendo. Houve uma grande comemoração em que todos se deram as mãos. Estamos nos vacinando, estamos caminhando para a cura, há esforços concretos para diminuir o buraco na camada de ozônio. As pessoas estão sendo mais amigáveis com as outras, compartilhando alimentos, saúde, ensinamentos, educação. Essas são as notícias boas de serem ouvidas.

O sofrimento é opcional?

É o nome de um livro que escrevi, no sentido de que a dor existe, mas nós não precisamos sofrer em cima dela. É como se você recebesse uma flechada: em vez de pôr outra por cima e ficar apertando as duas no peito, você a tira e diz "deixa eu me curar". Eu digo que sofrer em cima de algo que aconteceu é ficar ruminando, e nós não somos ruminantes. Podemos passar por dores, por dificuldades, mas não precisamos nos vitimizar.

É possível ter compaixão por um criminoso ou assassino?

Devemos ter. Só assim a compaixão é verdadeira. Não significa perdoar essa pessoa, dizer que está tudo bem. É preciso compreender que dentro de nós também habitam monstros, só que nós não colocamos em prática, sabemos nos controlar. É importante lembrar que eles são vítimas de uma cultura de violência.

Como o tempo é visto pelo budismo?

Somos o tempo. Existência e tempo são uma coisa só!

Que conselho a senhora daria para os jovens?

Nós vamos passar o bastão para vocês! Aliás, já estamos passando. Vocês são o meu futuro, o nosso futuro. Sejam excelentes.

Fontes Fakt, Druk Medium
Papel Alta Alvura 90 g/m²